LÉGENDES DU PAYS DES ENCLOS

Jean-François Olier

LÉGENDES DU PAYS DES ENCLOS

EDITIONS JEAN-PAUL GISSEROT

RÊVERIE

Trois genêts, deux brins de bruyère
à perte de vue, s'étale la lande
sous le ciel coloré de cette terre
le fier citadin ignore la légende

Trois genêts, deux brins de bruyère
la lune leur fait de grandes palmes
le grillon finit sa chanson sous terre
et le silence gagne la campagne

Sur la lande si, un jour je m'endors
emporte mon corps, épervier solitaire
alouette chante, chante encore
à mes amis, porte un brin de bruyère

Rozen Aër (Tantine) Locmélar.

Les légendes, ce sont les moyens de transmission d'une culture. Nos aïeux qui ne savaient ni lire, ni écrire ont trouvé cette expression merveilleuse qu'est la légende pour nous léguer cet amour d'un pays ou d'un terroir où ils nous ont précédés. Les légendes qui vont suivre sont parfois comme des paraboles, un peu énigmatiques, mais chacun j'en suis sûr y trouvera un moment de rêve qui surpasse le cours ordinaire des choses et des idées communes de la vie.

L'auteur

Se glorifier de ses ancêtres, c'est chercher dans les racines des fruits que l'on decrait trouver dans les branches.

Manon Rolland

Le vrai peut quelques fois n'être pas vraisemblable.

Nicolas Boileau

1
Les enclos de l'Élorn

Naissance d'un pays

C'était du temps où les dieux se disputaient l'hégémonie sur le monde qu'apparut dans le ciel, au-dessus de l'ARREE, venant de l'Orient, un immense dragon vert fouettant l'air de sa queue. Sa langue fourchue cherchait sa proie ; ses yeux brillaient comme les étoiles ; sa gueule crachait le feu ! Le soleil qui l'éclairait projetait sur le sol une ombre immense qui obscurcissait jusqu'à l'horizon. Le vrombissement de ses ailes, qu'il battait furieusement, soulevait une tornade qui détruisait tout sur son passage. Le voyant arriver les habitants épouvantés se jetaient la face contre terre en implorant leurs dieux. Soudain, au moment où tout allait être dévasté, des sources de l'ELORN surgit un être blanc, immense, qui tenait dans sa main droite une branche de genêts aux fleurs jaunes comme de l'or. Quand le dragon fut proche, il trempa le genêt dans l'eau de la source de l'Elorn et en aspergea le dragon. Dans un cri épouvantable qui fit trembler le sol et fut entendu à plus de 100 lieues, la bête monstrueuse s'affala morte dans le marais qui fut appelé ensuite " les Portes de l'Enfer ". Puis l'homme blanc disparut à son tour dans le ciel, en un éclair. Bien plus tard ce marais fut appelé " YUN ELEZ ".

La rivière Elorn s'étire langoureusement de sa source jusqu'à LANDERNEAU. Elle est célèbre pour ses salmonidés. Elle tire son nom du Prince Elorn qui s'y noya par amour pour sa belle. A quelques encablures de sa source elle alimente le lac du DRENNEC.

Le Pays des Enclos fut christianisé dès le 5ème siècle de notre ère. C'est environ 1000 ans plus tard qu'en souvenir de ce prodige les bâtisseurs d'églises ornèrent les entraits ou poutres de gloire de la tête du dragon (engoulant), obligeant ainsi cette force du mal (diable) à tenir debout l'église et à écouter la bonne parole et la messe. Subtile et éternelle punition due à l'esprit facétieux et mystique des Bretons. C'est dans ce pays où la légende et la réalité sont sœurs jumelles qu'est né le Pays des Enclos. Après l'avoir parcouru, de toutes les merveilles que vous aurez vues surgira en vous une image de lumière, mais aussi les ombres qui sont le versant secret de la vie de ce peuple bâtisseur d'enclos.

Le Pays des Enclos est un quadrilatère d'environ 22 x 12 km. Vous y verrez sur les 15 communes qui le composent :

-16 églises,

-14 chapelles sur les 45 qui ont existé,

-15 fontaines aux eaux bénéfiques ou maléfiques,
-plus de 200 croix-calvaires au carrefour des routes,
-des paysages préhistoriques et historiques,
-des sites et lieux mythiques ...
-des paysages admirables, pittoresques ...
-un art monumental unique dû à la richesse générée par le tissage du lin du 15ème au 18ème siècle.

Sur ce territoire, quelques 10.000 métiers à tisser, actionnés par des paysans-tisserands, fournissaient la toile de lin pour la majeure partie des voiles de la marine du monde connu à cette époque. Cette industrie était dirigée par des marchands issus de ce peuple qui furent appelés les " Juloded ". L'étymologie de ce mot est sujette à controverse. Toutefois, prosaïquement, dans son sens Breton, ce mot veut dire " richard ". Le lin nécessaire au tissage venait du Nord Finistère, du Pays Nantais, de la Russie, etc. Cette industrie prospère est à l'origine du Pays des Enclos qui couvre les 4 cantons de la " guise " ou clan " Tintaman " : St-THEGONNEC, LANDIVISIAU, PLOUDIRY et SIZUN. A l'origine du déclin de cette industrie les taxes exorbitantes que Colbert, ministre de Louis XIV, imposa sous couvert de lutter contre les Anglais. Pour une crée de toile de 124 mètres de long sur 0,80 mètre de large, vendue 100 livres, la taxe passa brutalement de 6 livres à 80 livres ! Malgré une résistance acharnée qui dura plusieurs décennies, la mort de cette industrie était " programmée ". L'avènement de la marine à vapeur fit le reste. La dernière manufacture qui se trouvait à Landerneau ferma en 1860.

Les communes du Pays des Enclos

Commana - Guimiliau - Lampaul-Guimiliau – Locmélar - La Martyre - Landivisiau - La Roche-Maurice - Loc-Eguiner Ploudiry - Loc-Eguiner St-Thégonnec - Pleyber-Christ -

Plounéour-Menez – Ploudiry - St-Thégonnec - St-Sauveur – Sizun et son annexe St-Cadou

La génèse des enclos

Les enclos actuels sont implantés sur des sites occupés depuis des millénaires par des populations diverses. La constante attirance exercée par ces lieux depuis ce lointain passé jusqu'à nos jours a quelque chose de mystérieux, d'inexplicable. Tenter de donner une explication rationnelle de ce phénomène relèverait de l'utopie, car prétendre connaître le secret des âmes ne peut-être que charlatanisme de circonstance. Toutefois cet attachement viscéral et religieux pour ces endroits si particuliers peut trouver son origine : dans la configuration géographique ; la présence de sources jaillissantes ; le magnétisme du sol ; le lieu de sacrifices humains – l'adoration d'idoles – la sorcellerie …

Vers le 5ème siècle de notre ère, des moines Gallois, victimes de l'ostracisme des Saxons, se tournèrent vers l'Armorique, vers un peuple frère parlant la même langue. Leur arrivée fut le début de la christianisation Bretonne. Parmi les plus célèbres : Saint Pol Aurélien, Saint Samson, Saint Gildas, Saint Magloire, Saint Tugdual, etc., tous issus du monastère de Saint Ildut au pays de Galles. Ces moines, rompus au travail manuel et à celui de l'esprit, furent des exemples de pondération. Ils ne chassèrent pas de ces lieux mythiques, où sont élevés de nos jours la plupart des enclos, “ les païens et leurs rites barbares ”. Au début ils élevèrent tout autour, à distance raisonnable, des ermitages formant ce cercle magique des Celtes au milieu duquel les forces du mal ne peuvent survivre. Cette conquête pacifique dura plus de trois siècles sur certains sites.

L'enclos

Du 14ème au 18ème siècle, l'enclos au début modeste a évolué vers la perfection, créant un Art Breton et rien que Breton. Le mariage parfois insolite de l'Art Roman et du Gothique primaire ou flamboyant n'est pas sans surprendre l'amateur d'art. Les sculptures en pierre de Kersanton, en granit ou en bois qui représentent indifféremment le sacré et le profane sont courantes (le sacré dans l'église, le profane à l'extérieur dans l'enclos). Où que vous alliez sur cette terre des enclos, vous verrez cette lutte du bien et mal. Partout vous rencontrerez des symboles Celtes en contradiction avec le culte Catholique. C'est dans ces contradictions et le respect des coutumes d'un peuple que s'est forgée cette " *Foi qui soulève les montagnes* ".

Sur cette terre millénaire chargée d'histoire, statues, chimères, symboles taillés ou gravés dans le granit ou le bois racontent la marche d'un peuple. Pour peu qu'un nuage joue avec les rayons du soleil, ces statues et chimères s'animent et paraissent vous sourire. Elles vous disent, dans ce court instant de vie avant de se figer de nouveau : " *Bienvenue dans les enclos de l'Elorn* ".

De quoi se compose un enclos ?

D'une église, bâtie, rebâtie ou agrandie sur un lieu privilégié, dotée d'un majestueux clocher, avec la particularité d'avoir un porche monumental d'entrée au bas de la nef côté sud. Celui-ci servait jusqu'au 17ème siècle de lieu de réunion publique au Conseil de Fabrique, chargé de la direction de l'église. Ces porches sont ornementés au tympan par un Christ ou un saint éponyme et sur les côtés par les apôtres.

D'un ossuaire, qui peut-être accolé à l'église ou être une chapelle séparée. Cet ossuaire servait à la translation des ossements de l'église vers ce lieu. A l'origine on ensevelissait les morts directement dans les églises, sous une faible couche de terre, et l'odeur y était infecte. Ce fut l'une des principales causes de la peste du 14ème siècle. Ces ossuaires élevés par nécessité sont postérieurs aux églises.

D'une porte triomphale (bolz-a-enor) parfois monumentale. La porte centrale fermée par une grille en fer forgé fut appelée la " porte des morts ". Elle ne s'ouvrait que pour le passage des convois funèbres. Cette porte était l'entrée principale du lieu sacré. Les arches latérales, coupées par un échalier qu'il fallait enjamber, servaient au service ordinaire.

D'un calvaire avec croix géminées, ou des représentations magistrales plus imposantes.

D'un mur d'enceinte protégeant l'enclos de l'incursion des animaux.

D'un cimetière entourant l'église (certains ont été transférés faute de place).

D'une sacristie faisant corps avec l'église ou parfois séparée : un couloir donnait alors accès au chœur.

Chaque enclos a une histoire particulière, un trésor qui lui est propre, une légende. L'enclos c'est aussi un espace où tout prosélytisme est écarté. Chacun peut regarder librement, avec respect, ce livre d'histoire sculpté dans la pierre qui est l'une des portes du Ciel.

1587

Arc de triomphe de Saint-Thégonnec (dessin de Robida).

2
Tuchenn Kador

(Trône sur la hauteur)

" Le mont du jugement dernier "
(Menez barnadenn diweza)

Tout pays ou civilisation a ses légendes. Celle de TUCHENN KADOR raconte l'histoire d'une croyance celtique. Elle vient de la nuit des temps. Sa transmission orale démontre, si nécessaire, la profondeur de l'âme et l'attachement d'un peuple à ses coutumes.

Tuchenn Kador, sur SIZUN, est le point le plus élevé de la Bretagne. Il culmine à 389 mètres, soit 7 mètres de plus que le mont St-MICHEL si proche. Sa forme aplatie lui donne l'aspect d'un haut plateau en contraste évident avec le mont St-Michel qui se dresse sur un mamelon aux pentes abruptes.

La particularité de Tuchenn Kador, outre d'être le plus haut sommet Breton, c'est d'avoir sur sa crête un amas de rochers qui donnent l'illusion, vu de la route D 785 en contrebas, d'un fauteuil géant ou trône. Ce lieu a une légende. La voici.

Ce sommet fut un lieu mythique pour tous les peuples qui occupèrent successivement cette péninsule du bout du monde qu'est la Bretagne. Bien que de mœurs et de religions différentes, tous ces peuples furent fascinés par le mont. Il en firent donc un lieu de vénération et d'holocauste. C'était aussi un lieu de rencontre avec le “ Grand Esprit ”, celui qui régit les mystères de la vie. Les Bretons contemporains n'ont pas échappé à cette attraction mystérieuse.

C'est ici, dit la légende, qu'au jour de la fin du monde le Maître de l'Univers viendra s'asseoir sur son Trône pour le Jugement Dernier, accompagné d'une nuée ardente,. Il est dit dans la Bible que “ *les derniers seront les premiers ...* ”. Cette phrase sibylline est incomplète. Elle aurait dû selon un exégète des premiers temps être complétée comme suit : “ *Les derniers seront les premiers ... à être jugés !* ”. La repentance tardive ne peut tout effacer. Il faut une contrition sincère et véritable. Chacun sera jugé selon les bienfaits qu'il aura accomplis ; ceux qui arriveront les mains vides seront jetés en Enfer, dont les portes submergées se trouvent actuellement sous le lac artificiel de Brennilis, au pied du mont, vers l'est. En cas de refus de la sentence divine, l'Archange Saint-Michel, qui attend ce jour sur le mont voisin au sud, viendra avec son armée d'anges y précipiter les récalcitrants. Cet Enfer est un lieu horrible où la nuit, perpétuelle et glaciale, est troublée en permanence par les glissements et les cris de serpents et de dragons visqueux ...

Cette légende, je l'ai recueillie et reconstituée, après l'avoir écoutée, il y a bien longtemps, auprès des conteurs de la tradition et des croyances.

Pour les Bretons c'est comme un pèlerinage, un hommage rendu à leurs ancêtres que d'y aller faire une visite. Pour vous amis lecteurs il n'est pas non plus interdit de vous y rendre. Vous serez récompensés par le panorama exceptionnel que vous découvrirez, mais aussi vous aurez frôlé cette porte d'éternité que vous passerez peut-être un jour.

3
L'Ankou

Cette légende que je vais vous raconter, je l'ai entendue voici 70 ans, narrée par un vieux marin de chez nous (ex-bosco) qui avait fait plusieurs fois le tour de la terre. Il disait que l'Ankou était sorti de ROCH TOULL il y avait bien longtemps, bien avant que les hommes n'aient reçu une âme. Mes souvenirs de ce que racontait ce vieil homme sont encore présents. Alors, sans arrière-pensée, entrez dans le rêve merveilleux de cette fiction … qui peut-être n'en est pas une ? … A chacun son rêve !

C'était bien avant le paléolithique que vivaient dans Roch Toull (en GUICLAN de nos jours) des hominidés pourvus d'intelligence et de savoir-faire. Cette grotte naturelle de 130 mètres de long et de 36 mètres de haut à son point culminant, par rapport au porche d'entrée, apparaît dans le paysage comme un dragon figé dans la pierre. C'était du temps où les monts Bretons culminaient à plus de 600 mètres. C'était aussi avant que les bouleversements climatiques n'aient changé la face de cette terre. La mer en ce temps là se trouvait à plus de 125 mètres sous le niveau actuel, dégageant un vaste territoire aujourd'hui submergé. C'était il y a environ 1000 millénaires et dans le ciel planaient d'étranges oiseaux géants ; sur la terre, des bêtes mastodontes obligeaient les hominidés à se tapir dans les grottes, seule la ruse leur permettant de survivre.

Le jour où commence cette histoire, l'attention des hominidés qui occupaient Roch Toull fut éveillée par le silence étrange qui régnait à l'extérieur. Ce silence était inhabituel car les pas des bêtes faisaient vibrer le sol tandis que leurs cris et grognements troublaient l'atmosphère d'une manière continue. Le chef de la tribu, malgré la grande peur que lui causait ce phénomène étrange, poussé par la curiosité, quitta le fond de la grotte, puis prudemment risqua un regard alentour. Le ciel qu'il aperçut par dessus les arbres lui apparut rouge. Intrigué, il grimpa sur le haut de la grotte, et là, au loin, il vit l'horizon flamboyant, agité par des turbulences. Pétrifié, il regardait ce nuage incandescent qui roulait sans bruit, venant dans sa direction. Les grands oiseaux fuyaient en battant lourdement des ailes. Le spectacle était dantesque. L'hominidé restait là, figé, regardant sans comprendre, cloué à la roche. Le tourbillon incandescent atteignit les oiseaux qui, les ailes brûlées, calcinées, s'écrasaient sur le sol. Les bêtes terrestres fuyaient également, seules en réchappant celles qui pouvaient se terrer. Les arbres disparurent, également carbonisés.

Tout d'un coup, l'hominidé fut à son tour enveloppé par ce nuage. Il ressentit une vive chaleur puis, le nuage s'éloignant, il redescendit vers la grotte pour retrouver les siens et leur dire ce qu'il avait vu. Quand ses compagnons le virent, ils poussèrent un hurlement et se cachèrent dans un recoin de la grotte. Ebahi et surpris par l'accueil, l'hominidé s'arrêta et poussa un cri qui ne fut entendu de personne. Il décida de descendre vers la rivière en contrebas, celle-ci lui servant habituellement de miroir. Arrivé sur la berge, il s'y mira et ce qu'il vit l'épouvanta : devant lui se tenait un squelette ; seule une lueur diffuse brillait sous son crâne. Incrédule il se releva, fit quelques pas, et c'est à ce moment là qu'un essaim de gros bourdons fonça sur lui et le traversa sans qu'il n'en ressente la moindre gêne. En se regardant de plus près il s'aperçut qu'il n'avait plus que les os, toutes chairs et peau avaient disparues. Il comprit alors la peur panique de ses congénères. Désespéré il regarda le ciel et au loin vit un astre blême. Il pensa : " *Si j'étais là-dessus, personne n'aurait peur de moi* ". A peine formulé ce vœu, comme par enchantement, il s'y trouva. En perdant sa condition humaine il venait d'acquérir les dons de transfert instantané de la matière dans l'univers et aussi d'ubiquité.

Pendant des centaines de milliers d'années il voyagea au travers de l'univers, cherchant un lieu pour se reposer. Hélas pour lui, partout où il passait il gênait toujours quelqu'un ou quelque chose. Toutefois, un jour, il reçut un mystérieux appel qui lui disait de revenir sur terre, c'est-à-dire à son point de départ.

C'était à l'époque où l'homme et la femme chassés du paradis terrestre pour avoir croqué la pomme, avaient reçu une âme et étaient devenus mortels. Il reçut comme mission du Maître absolu de l'Univers d'être le convoyeur des âmes ayant quitté leurs corps.

L'Ankou, dont l'origine se trouve donc à Roch Toull, venait de naître ! Au début, l'Ankou portait comme insigne de sa fonction un os taillé en pointe comme une lance et cachait son squelette drapé dans une pèlerine noire. Bien plus tard apparut L'Ankou armé d'une faux, suivi par une charrette à laquelle était attelé un cheval hongre pour le transport des âmes. C'était un être effrayant, il l'est toujours !... Il a la réputation qui n'est pas surfaite d'être le plus grand juste de la terre, car il n'oublie jamais personne ! Un jour ou l'autre chaque humain le connaîtra.

Le vieux marin me dit encore : " Au cours d'une tempête dans la mer de Chine, alors que notre bateau coulait, je l'ai vu apparaître, prêt à m'emporter. Je n'ai pas eu peur car je serrais sur mon cœur l'image de la Madone que j'invoquais. je pense qu'il ne m'a pas vu, la Bonne Dame m'a protégé. Mais je peux vous le dire et le certifier, il existe bien et je l'ai vu ! "

Si un jour vous voulez voir ce site tout à fait exceptionnel; historique, d'où est originaire l'Ankou, vous le trouverez entre le moulin du LUZEC en St-THEGONNEC et les villages de KEROUGAY et de la HAYE sur GUICLAN.

Calvaire de Saint-Thégonnec (dessin de Robida).

4
Fontaine miraculeuse

C'est vers la fin du 6ème siècle que cette légende d'une fontaine aux eaux miraculeuses (feuteun burzuduz) trouve son origine, sur un lieu appelé alors ''LLOG HYDULTUS'' (cellule de moine). Au cours des siècles ce patronyme a évolué pour s'appeler de nos jours LOC ILDUT (LOG-ILDUT) sur la commune de SIZUN.

Saint Ildut, saint Gallois (venant du Pays de Galles - Wales) a été le précepteur et le formateur de tous les premiers saints moines qui sont venus au cours des 5ème et 6ème siècles de Grande Bretagne pour christianiser la LETAVIE (Bretagne). Saint Pol, Saint Samson, Saint Gildas et Saint Tugdual sont parmi les plus prestigieux de ces moines. Le lieu même de Loc Ildut doit certainement son implantation - et sa célébrité - au passage de Saint Pol (de Leon) et du dragon qu'il menait vers l'ILE DE BATZ pour le noyer.

De nombreux ermitages se sont succédés sur ce lieu jusqu'à la construction d'une 1ère chapelle en pierres vers le 13ème siècle. Actuellement, ce lieu, avec sa chapelle rebâtie vers la fin du 15ème siècle et le début du 16ème, est un lieu de rassemblement populaire, de prières et de traditions.

Sa notoriété est due en partie à l'eau d'une fontaine miraculeuse, dite de Saint Ildut, qui y jaillit. Il est étrange de constater que quinze siècles ont passé sans ternir sa renommée et sa popularité. Cette source fontaine émerge au pied du calvaire qui jouxte la chapelle. Elle a toujours une influence certaine sur le secret de l'être dont le rêve se nourrit de merveilleux.

Il était dit et rapporté oralement, au travers des siècles, que cette source dédiée à Saint Ildut avait le pouvoir de faire marcher les enfants qui tardaient à se tenir debout.

Il y a quatre siècles de cela, dans une famille du voisinage, se trouvait un garçon de quatre ans qui s'obstinait à ramper. Il refusait systématiquement la position verticale. Ses parents, désespérés, vinrent un jour à la messe dominicale célébrée dans la chapelle en transportant leur fils sur une sorte de brouette. Ils écoutèrent la messe, communièrent avec dévotion et prièrent pour la guérison de leur fils. Malgré leurs suppliques, rien ne se passa. A la sortie de la messe, ils s'arrêtèrent devant la " Feunteun Burzuduz ". Ils y burent de l'eau. Tout à coup une sorte de frénésie gagna le père qui, sans se rendre compte de ce qu'il faisait, saisit son fils par les épaules et le plongea jusqu'à la poitrine dans l'eau froide de la fontaine ! On était début Novembre, veille de la fête du Saint. Les témoins de la scène étaient nombreux, car après la messe beaucoup se congratulaient. Ce geste imprévisible et inconsidéré laissa les témoins pantois ; puis, avant que personne ne puisse réagir, on vit le garçon se débattre et échapper à l'emprise de son père. Il sortit de l'eau comme électrisé, poussé par une force mystérieuse et s'enfuit en criant ... mais debout ! Ses jambes montraient même une agilité surprenante. Ses parents, frappés de stupeur, le suivirent avec hâte, abandonnant sur place la brouette devenue inutile. Ils le retrouvèrent à la maison. Le gamin sauta au cou de son père pour le remercier de son geste qui lui avait rendu l'usage de ses jambes. Il était guéri. Bien plus tard à l'âge adulte, le garçon devint prêtre. *(nda : cette légende m'a été racontée par Yvonne Le B..... née au 19ème siècle, qui fut la gardienne de ce lieu toute sa vie)*

Deux autres évènements qui se sont déroulés dans la dernière moitié du 20ème siècle méritent également d'être racontés.

Une sœur converse, vivant dans un couvent des environs, était atteinte depuis plus de 10 ans d'un éléphantiasis incurable qui la rendait impotente. Elle vînt un jour visiter la chapelle. Ne pouvant se tenir debout tant ses jambes étaient gonflées, elle circulait en chaise roulante. Elle demanda à son accompagnateur de la poser sur le bord de la fontaine pour qu'elle puisse y tremper ses jambes. Elle resta ainsi pieds et jambes dans l'eau une dizaine de minutes. Quand elle ressortit et regagna sa chaise, rien apparemment n'avait changé, elle paraissait seulement radieuse. Ce n'est que 8 jours plus tard qu'elle revint à Loc Ildut, en marchant normalement, seule, ses pieds et ses jambes ayant retrouvé leur taille originelle. Elle était guérie. Par la suite, chaque semaine, elle se lavait les pieds et les jambes avec de l'eau puisée dans la fontaine.

Un autre évènement dont je fus témoin mérite aussi d'être raconté. C'était en Août 1999. Un couple d'américains, circulant dans une luxueuse voiture, vinrent visiter ce lieu. Je leur servais de guide. L'historique de la chapelle et surtout des fontaines (il y en a trois) les intéressaient au plus haut point. Ils tombèrent en arrêt devant la fontaine de Saint Ildut. Impressionnée par les vertus merveilleuses prêtées à cette eau, la femme qui marchait, ou plutôt se traînait difficilement avec des béquilles, soudainement, comme mue par une force invisible, se jeta dans la fontaine et s'y accroupit. Elle y resta une dizaine de minutes. Comme je lui tendais la main pour l'aider à en sortir, elle me regarda et fit non de la tête. Puis, sans difficulté apparente, elle sortit seule : elle marchait normalement ! Elle était guérie d'une maladie qu'elle avait depuis près de cinq ans d'après les dires de son mari. Après m'avoir embrassé, tous deux s'en allèrent rayonnant d'une joie complète … Rêve ou réalité, je ne le saurai jamais. Les deux béquilles abandonnées sur place, mais qui ont mystérieusement disparu par la suite, me disent que les prodiges ont une cause cachée, impénétrable pour les humains ...

Des test pseudo-scientifiques, œuvre de sourciers et de radiesthésistes, ne donnent qu'une explication forcément irrationnelle de ces phénomènes occultes. Le magnétisme de la terre et de l'eau réagit différemment sur les individus et ne répond à aucune logique. Au moins quatre approches empiriques tentent de vérifier - à défaut d'expliquer, la puissance miraculeuse que dégage cette fontaine :

1 – Des sourciers, professionnels ou amateurs, et des magnétiseurs qui se servent d'un pendule, voient celui-ci bouger à l'approche d'une veine d'eau, d'Est en Ouest suivant le soleil. Il s'agit d'un effet positif. Pour eux l'eau est bénéfique.

2 - Pour d'autres spécialistes, le pendule tourne à l'envers d'Ouest en Est. C'est un effet négatif. Selon eux, il y a danger à utiliser cette eau qui manifestement rejette leur présence.

3 - Le pendule reste rigoureusement inerte avec certains. C'est un effet neutre. L'eau peut servir de boisson sans danger, mais elle n'a alors aucune vertu magique non plus.

4 - La dernière solution consiste à prendre une bague en or pur, d'au moins 80%, et de la laisser pendre au bout d'un fil à coudre très fin. Si à l'approche de la source la bague prend au bout du fil un angle de 45° par rapport à la verticale, que ce soit à droite ou a gauche de la veine d'eau; on peut espérer, si du moins on en a besoin, que cette eau apportera bienfaits et soulagement physique.

Cette fontaine miraculeuse (feunteun burzuduz Sant-Ildut) donne à chacun la paix et la santé si sa conviction est faite de sincérité et de désintéressement. Cette eau qui purifie et guérit est pour les sceptiques une légende de plus, mais pour d'autres une réalité concrète. Venez y faire un tour, buvez-en et si vous y croyez fermement Saint Ildut vous le rendra.

5
Les bœufs qui parlent

C'était il y a de cela 500 ans environ, sur la paroisse de COMMANA, surnommée par certains TOUL-AL-LAER (littéralement " refuge de voleurs " mais se comprenant plutôt comme un " repaire de chiffonniers roublards " en breton).

La population avait décidé de construire une église.

Deux possibilités furent envisagées : soit sur le haut de la colline, ou 3 km plus bas dans un lieu appelé KILIDIEC.

Le sommet de la colline, à l'emplacement de l'actuelle église, fut écarté. C'était un lieu froid, dénudé et battu par les vents. De plus, et ce fut la raison principale, vivait là un " sorcier-druide-guérisseur " qui avait un pouvoir occulte et que personne n'osait affronter, par peur des sortilèges. Par ailleurs, ce druide, convaincu de la présence en ce lieu de la déesse Ana, prêtresse de la fécondité et de la paix chez les Celtes, y avait entrepris des fouilles pour chercher son tombeau.

Aidé par quelques indigènes, il avait déjà fait creuser six excavations sans succès. C'est au cours du creusement du septième trou qu'à une profondeur d'environ 3 mètres il trouva des ossements et une statue presque nue de la déesse Ana, celle-ci n'étant en effet vêtue que d'un rouleau de parchemin.

Pendant que le druide menait cette affaire sur le haut de la colline; plus bas à Kilidiec, lieu abrité choisi judicieusement pour bâtir l'église, la population avait déjà commencé la construction de cette dernière. Hélas pour les bâtisseurs, ce qui était élevé, maçonné durant le jour, était défait la nuit. Malgré l'obstination des bâtisseurs et moult surveillances de nuit, jamais personne ne put découvrir comment ces démolitions se faisaient. C'était une magie impénétrable …

De guerre lasse, les bâtisseurs décidèrent d'abandonner cette lutte sournoise avec les esprits et décidèrent que l'église serait construite là où deux bœufs, traînant l'auge qui leur servait à mélanger la chaux, s'arrêteraient. Un beau matin ils attelèrent donc deux bœufs à l'auge et demandèrent à un jeune garçon non pubère de suivre les bœufs et, quand ceux-ci se seraient arrêtés, de venir leur dire l'endroit : c'est là qu'ils construiraient leur église.

Les bœufs, attelés à l'auge, se mirent donc en route dès le matin, suivis à distance par le jeune garçon. Au moment du départ le plus âgé des bœufs s'adressa à son compagnon (à cette époque les bêtes dont on avait sacrifié la virilité avaient le don de parole, ainsi qu'il est écrit dans les vieux grimoires). Il dit :

— Ces hommes là sont dérangés dans leurs têtes. Soyons plus avisés qu'eux. Si nous descendons dans la vallée, ce qui serait plus commode pour nous, tu verras qu'ils nous feront remonter l'auge. Donc, allons d'abord vers le haut ! Comme cela si la fantaisie les prend de se dire que le sommet de la colline ne leur plaît pas, pour nous ce sera plus facile de redescendre.

Sitôt dit, sitôt fait. En sortant de Kilidiec ils prirent donc le sentier vers le haut, suivis de loin par le jeune garçon. En cours de route, dans un petit enclos, une bergère de l'âge du garçon, compagne habituelle des jeux de celui-ci, gardait quelques moutons. Le jeune garçon, qui s'ennuyait à suivre le pas lent des bœufs, se dit : " J'ai tout le temps. Je les rattraperai toujours ". Il décida donc d'aller jouer avec la bergère.

Pendant ce temps, seuls désormais, les bœufs arrivèrent sur le haut de la colline. C'était à l'heure de midi au soleil, il n'y avait personne alentours. Les fouilleurs de terre et le druide étaient partis manger à l'abri de l'allée couverte à 3 km de là. Les bœufs virent ce trou béant, la statue qui en avait été sortie reposant à quelques mètres de celui-ci. Ils s'approchèrent, puis le jeune bœuf dit à son compagnon :

— Nous devrions faire tomber cette auge au fond du trou, comme cela notre travail serait fini.

Ils se mirent d'accord, tirèrent l'auge sur le bord en contournant le trou, vinrent se placer derrière et d'un coup sec de la tête firent basculer l'auge. Celle-ci se plaça miraculeusement comme un sarcophage au fond du trou. Puis, débarrassés de leur joug, les bœufs allèrent joyeusement vers un champ de luzerne qu'ils avaient repéré en montant. Entre deux mastications ils se disaient l'un à l'autre : “ Nous avons joué un drôle de tour aux hommes. Ils en parleront encore pendant des siècles ! ”. Entre-temps, le jeune garçon, qui n'avait pas vu le temps passer, inquiet de ne plus voir les bœufs, courut sur leurs traces pour les rattraper. Il les trouva dans le champ de luzerne et s'écria “ Mais qu'ont-ils fait de l'auge ? ! ” Il eut la surprise d'entendre les bœufs lui répondre avec une sorte de moquerie dans la voix :

— L'auge ? Quelle auge ? Tu as dû rêver mon petit ! ! !

Quand le druide et ses compagnons revinrent sur place pour terminer les fouilles, ils furent surpris et restèrent un instant incrédules devant le phénomène de l'auge au fond de la tombe. Toutefois le druide sorcier, ne voulant pas perdre la face, réagit très vite et dit :

— La déesse a choisi sa demeure. Remettons là dans ce sarcophage pour l'éternité !

Ce qui fut fait.

C'est donc sous l'église actuelle, quelque part sous la nef, que repose à jamais la déesse Ana.

C'est ainsi que Commana prit son nom actuel. AUGE se dit KOM en breton et ANA se dit toujours ANA. Ces deux mots réunis ont donné le patronyme actuel KOMANA, c'est à dire l'AUGE d'ANA.

Si un jour des fouilles sont entreprises, il est probable que le sarcophage sera retrouvé car le granit est éternel.

Une représentation de la Déesse Ana se trouve sur la façade de l'ossuaire de Sizun, sur le registre central.

Arc de triomphe de Lampaul-Guimiliau (dessin de Robida).

6
La lavandière de la nuit

Cette légende trouve son origine sur LAMPAUL-GUIMILIAU, le jour où Saint Pol de Leon (Aurélien - 6ème siècle) a traversé ce lieu, sans nom à l'époque, en traînant derrière lui le dragon qui hantait la forêt du FAOU.

Les habitants de ce lieu-dit furent les seuls qui ne s'enfuirent pas à l'approche du dragon (sarpant) tenu en laisse par l'étole du Saint. Ils attaquèrent la bête honnie à coups de piques ferrées. Aussi le dragon, qui souffrit de cette cruauté, se promit-il de se venger un jour de ces gens ou de leurs descendants. Il est vrai que ces indigènes ignoraient que ce dragon était le diable que Saint Pol conduisait à l'ILE DE BATZ pour le noyer dans une fosse sans fond, lieu qui fut dénommé par la suite " TOULL AR SARPANT " (le trou du dragon).

Un jour, quelques siècles plus tard, vers le 10ème siècle sans doute, arriva dans le village une belle femme, gironde, charnelle, modestement vêtue. Elle construisit de ses mains une hutte (lochenn) avec quelques branchages liés entre eux par de la glaise. Puis elle alla offrir ses services comme lavandière aux gens de la région. Au cours de ses recherches elle rencontra le chef du village, qui la reçut fort bien. Il lui demanda d'où elle venait. Elle répondit :

— Je viens de très loin, mon Maître m'a envoyée ici pour accomplir trois de ses vœux. Pour cela je dois me mettre au service de tous gracieusement. Je vous en supplie ! Aidez-moi à trouver du travail, car si je retourne vers mon Maître sans avoir accompli ses vœux, il sera courroucé et il me punira durement.

Envoûté par ce ton humble, chaud, suppliant, le chef du village ne put résister à son appel. Il lui donna son premier ballot de linge sale à laver. Elle lui dit encore, de cette voix inimitable :

— Je m'appelle Vona, merci pour votre aide.

Dès le lendemain matin elle rapporta le linge, bien lavé, sec et défroissé, ce qui enchanta le chef du village. Il lui posa quand même une question :

— Comment avez-vous fait ? Je vous ai donné le linge hier soir et ce matin, à la première heure du jour, vous me le rendez sec et propre !

Elle répondit :

— J'ai travaillé toute la nuit, car de jour je ne le puis. Le Poull Kanna est occupé par les femmes du pays. Surtout ne leur dites rien ! Je ne suis venue ici pour prendre la place de personne, juste pour accomplir les trois vœux imposés par mon Maître. Je ne demande rien pour mon travail, seulement un peu de nourriture.

Compréhensif devant tant d'abnégation et d'obéissance à son Maître, le chef du village l'assura de son soutien et de son silence.

Le Poull Kanna (lavoir à ciel ouvert) qui était celui du pays se trouvait dans un bois au creux du vallon, en contrebas de l'église actuelle. On y accédait par un sentier abrupt et ombragé. Quelques hommes, attirés par les formes généreuses de Vona, l'épiaient de loin. Ils virent bien que lorsque Vona passait devant une croix elle se détournait et passait au large et qu'elle évitait aussi toujours la petite église (en bois à l'époque). Cela ne les troubla pas sur le moment, la sensualité qui émanait de cette femme annihilant leur jugement.

Par la suite, grâce au chef du village, qui vantait ses mérites, elle trouva du travail. La jalousie des autres lavandières s'était atténuée au bout de quelques mois. La gentillesse de Vona avait eu raison des plus féroces mégères. Ainsi acceptée, elle se dit qu'il était temps d'accomplir sa mission et de satisfaire aux trois vœux que lui avait prescrit son Maître.

Un jour, dans un village éloigné de près d'une lieue du Poull Kanna, elle rencontra trois hommes. Ceux-ci entreprirent de la séduire. L'un d'eux, le plus grand, était le plus empressé. Vona sut à ce moment là que son premier vœu allait s'accomplir. Elle lui dit :

— N'as-tu pas quelques linges à laver ? Si tu me les apporte ce soir avant minuit, je te les laverai et ensuite nous pourrons faire un brin de causette … et peut-être autre chose ?

Aguiché par cette perspective, le " grand " se rendit au rendez-vous à l'heure dite. En arrivant sur place près du lavoir il vit bien sûr Vona, mais aussi, dans l'eau du Poull Kanna, de belles nymphes nues, vêtues seulement de leurs longs cheveux, qui s'y ébattaient en riant. Sidéré, ébahi, il resta figé sur place muet de stupeur. Cette vision le troubla tellement qu'il ne se rappela pas pourquoi il était venu. Abandonnant son linge sur place, il rentra chez lui, et se coucha tout agité. Le lendemain matin, il alla voir ses compères pour leur raconter sa nuit. Mais il eut beau parler, et alors que ses lèvres remuaient, aucun son ne sortait : il était devenu muet !

Intrigué, le second des trois, " moyen " en taille, alla lui aussi deux jours plus tard vers ce lavoir en emportant avec lui quelques hardes à laver. Comme le " grand " il y arriva vers minuit. Il vit Vona nue au milieu du Poull Kanna entourée par ses nymphes resplendissantes. Hébété, n'en croyant pas ses yeux le " moyen " s'enfuit, oubliant sur place ses hardes. Le lendemain matin il rencontra ses copains mais il ne put rien leur dire car, comme le " grand ", il était devenu muet. Pire même, il n'entendait plus rien. Il était devenu sourd-muet !

Le troisième garçon, dit le " petit ", bien que se doutant de quelque " strobinell " (sorcellerie), emporté par sa curiosité et pensant que sa ruse serait plus forte que les envoûtements qui avaient puni ses deux amis, décida deux jours plus tard d'aller à son tour voir. Arrivé sur place, à minuit, il vit Vona qui lavait du linge, le trempait dans l'eau et sans le tordre le pliait apparemment sec. Vona ayant senti sa présence se retourna et lui lança un coup d'œil enflammé en lui disant d'une voix douce : " Viens ". Il fit un pas et ce qu'il vit ne le remplit pas d'effroi mais le charma au plus haut point. Les filles nues étaient si belles ! Il voulut en prendre une dans ses bras ; son geste d'enlacement se referma sur une lueur éclatante qui disparut en un éclair et il ne vit plus rien. Quand il voulut rentrer chez lui, il s'aperçut qu'il ne voyait décidément plus du tout. Le lendemain matin ses deux copains, inquiets de ne pas le voir chez lui, allèrent a sa recherche et le trouvèrent près de l'église. Il ne reconnut qu'à leur odeur que c'était ses amis mais il ne les vit pas. Il était devenu sourd-muet-aveugle !

Deux jours plus tard Vona vint leur rendre visite et dit au grand qui pouvait voir et entendre : — J'ai pitié de vous. Demain viens me voir avec tes deux amis. Je vous guérirai des maux qui vous ont frappés. Vona partie, le " grand " par forces gestes et mimiques leur fit comprendre que celle-ci se proposait de les guérir s'ils allaient tous les trois la voir vers minuit le lendemain. Les visions oniriques dont ils avaient été témoins les avaient plongés dans un tel enchantement qu'ils acceptèrent d'y aller.

Arrivés sur place après minuit, Vona les accueillit en habits de fête et les fit asseoir sur la margelle du lavoir. Puis elle claqua des mains et le miracle se produisit. Il n'y avait plus de sourds, de muets ni d'aveugle. Les trois compères se trouvèrent comme par magie parmi les nymphes nues qui s'offraient à eux. Vona les invita à venir avec elle jusqu'à la mai-

Calvaire de Guimiliau (dessin de Robida).

son de son Maître où, leur dit-elle, une grande réception allait être donnée en leur honneur. Ravis ils acceptèrent. En partant ils virent trois corps allongés sur le sol, enserrés dans un linceul blanc. Ils se reconnurent ... Une grande appréhension les parcourut. Ils ne comprirent pas ce qui venait de leur arriver. Ils vivaient sur un nuage mais Vona et ses nymphes ne leur laissèrent pas le temps de réflexion. Déjà, elles les entraînait à travers l'espace. Ils arrivèrent devant un beau château. Dès qu'ils approchèrent, la porte s'ouvrit et un homme, tout de rouge vêtu et tenant un sceptre en forme de trident, les reçut. Celui-ci dit à Vona :

— Tu as accompli les trois vœux que je t'avais demandé. Tu seras désormais souveraine de ce château. Puis il invita nos trois compères à y entrer.

Ce lieu n'avait qu'une seule façade et une seule porte. A l'intérieur se mouvaient des bêtes gluantes et froides et parmi elles des hommes et des femmes hurlant de dégoût et d'épouvante. Dragons, serpents, crapauds se battaient sans cesse entre eux. Nos trois hommes voulurent ressortir mais la porte était close et, Vona, aidée par quelques diables, les précipita dans cet enfer glacial pour l'éternité. Nos trois compères croyant aller vers " l'Eden " de la félicité venaient de gagner l'Enfer de la haine. C'était le 7ème jour.

Quand le 8ème jour les lavandières arrivèrent de bon matin au lavoir, elles eurent la surprise de trouver nos trois compères enroulés dans un linceul, souriants, apaisés … mais morts ! Prises de panique, elles s'enfuirent. C'est le chef du village, alerté par leurs cris effrayants, qui vînt avec le curé et quelques hommes voir les corps des trois malheureux. Comme il est de coutume le curé dit la prière des morts et les bénit. Mais quand le curé fit le signe de la croix sur ces dépouilles, elles se tordirent, leurs figures se déformèrent et leurs yeux s'ouvrirent, vagues, comme épouvantés. Devant ce phénomène les acteurs de ce drame furent saisis d'une grande crainte. Le curé s'écria :

— C'est le diable et ses suppôts qui ont pris leurs âmes ! Ils sont damnés !!!

Alors, ils furent enterrés sur place, loin du cimetière des justes.

Plus tard courut dans le pays le bruit que les trois malheureux avaient vendu leur âme au diable et que Vona, la lavandière de la nuit, venue de nulle part, était l'envoyée de Belzébuth, qu'elle invoquait pour accomplir les trois vœux qui lui était imposés.

Quelques anciens se rappelèrent aussi le passage du dragon traîné par Saint Pol et qui fut victime de la cruauté de leurs ancêtres. Le Diable avait tenu sa promesse : il s'était vengé.

Personne ne vînt plus au Poull Kanna. Quelques années plus tard il fut comblé.

On dit aussi dans le pays que le Diable est un malin qui offre des plaisirs éphémères pour mieux tromper : Vona en fut un exemple, car personne ne la revit jamais plus après la mort des trois malheureux. Même sa hutte disparut.

7
Le coq de l'amour

C'est aux environs du 12ème siècle de notre ère que la légende du coq, qui approuva par un chant retentissant l'amour de deux jeunes amoureux, trouve son origine.

En ce temps là à GUIMILIAU, à l'emplacement actuel de l'enclos, existait déjà une église bien modeste au chevet de laquelle coulait une fontaine. Cette fontaine avait à cette époque - et l'a toujours - une particularité exceptionnelle : L'eau qui en coulait sortait par deux goulottes identiques de même niveau. L'une, dirigée vers l'Est, se perdait dans une faille rocheuse et disparaissait dans le sol pour ressurgir, au droit et sous le village de KERANFORS, dans la vallée de la rivière PENZE, à 2 km à peu près en amont de ROCH TOULL. L'autre goulotte, pointée vers l'Ouest, ressortait au bas du bourg actuel, dans une fontaine aujourd'hui dédiée à

Saint Milliau. Cette fontaine se trouve aujourd'hui sous le transept de la très belle église qui fut construite du 15ème au 17ème siècle. Elle donne à ce site quelque chose de fabuleux, qui dépasse toute croyance, tout en étant réelle. En effet, cet enclos est bâti sur la ligne de partage des eaux et la fontaine en est la marque. Une partie de son eau s'écoule vers la Manche, l'autre vers L'Atlantique.

Un jour à la veille du Carême, période de 40 jours de jeûne avant Pâques, un certain Mardi-gras, des habitants du village du LUZEC, situé face à la grotte de Roch Toull, décidèrent de faire bombance en prévision des jours maigres à venir. Ils décidèrent donc de tuer un magnifique coq. Cependant, celui-ci, poursuivi par les gens du village, réussit à leur échapper et se réfugia dans la grotte de Roch Toull où il disparut dans une anfractuosité.

Pendant le Carême également, à Guimilliau cette fois, un jeune homme venait de déclarer son amour à une belle jeune fille. Mais comme c'était l'usage à cette époque on ne mariait pas pendant le Carême. Ils s'aimaient profondément, sincèrement, cette attente imposée leur paraissant une éternité. Ce temps de réflexion sublima la jeune fille dans son amour, ce qui l'amena à dire un jour à son amoureux :

— Je ne pourrais te dire oui que lorsqu'un coq aura chanté à la fin de la messe de Pâques. Si je te dis oui maintenant j'ai peur de pas t'être toujours fidèle, car rappelle-toi, Saint Pierre, malgré sa promesse, avait renié trois fois le Christ avant que le coq n'ait chanté.

C'est donc porté par une espérance folle qu'ils se rendirent séparément à la messe de Pâques. Ils se placèrent selon la coutume dans l'église, les hommes devant, les femmes derrière. Pendant la messe, le jeune homme lorgnait souvent vers sa dulcinée qui répondait à ses regards enflammés par un sourire confiant. Ils firent leurs Pâques.

A la fin de la messe, alors que le prêtre finissait de psalmodier l'Ite Missa Est, une sorte de froissement, entendu de tous, vînt d'en dessous de l'autel. Une porte latérale qui donnait accès sous l'autel s'ouvrit brusquement et un magnifique coq en sortit. Il s'ébroua un instant et poussa un éclatant cocorico. L'assemblée, béate de stupeur , regardait, écoutait ...

Puis le coq, après un troisième chant victorieux, s'éclipsa par la porte de la sacristie et jamais plus on ne le revit. La légende du coq messager de l'amour venait de naître.

Nos deux amoureux, heureux, ravis allèrent l'un vers l'autre et se dirent un grand OUI ! Ils ne cherchèrent jamais à comprendre ce qui s'était passé. Pour eux ce fut le miracle d'amour de leur vie et ils se marièrent.

Certaines personnes dans le pays, ayant assisté à la messe, établirent une relation entre le coq disparu au début du carême dans la grotte de Roch Toull et celui apparu le jour de Pâques dans l'église de Guimilliau. Il aurait, d'après elles, cheminé 40 jours dans des galeries souterraines. La preuve, selon elles, étant que l'eau de la fontaine au chevet de l'église disparaissait dans une faille du rocher, ce qui indiquait clairement que des galeries allaient jusqu'à Roch Toull. Que le coq en soit sorti, vigoureux et vainqueur ne pouvait les surprendre.

Quelques mauvaises langues, ayant elles aussi assisté à la messe, supposaient au contraire que c'était par quelque subterfuge que le jeune amoureux avait au préalable placé le coq sous l'autel. Puis il avait utilisé un mécanisme secret de son invention qui lui avait permis d'ouvrir la porte au moment propice, libérant ainsi le coq. Chacun sait qu'un coq maintenu dans le noir ne chante pas. Seule la lumière qui l'inonde brusquement le fait chanter, quelle que soit l'heure. Pour un coq, la lumière c'est l'aurore.

Un grand mystère demeure car l'étrange précision du chant du coq, qui permit et scella une union, est inexplicable et défie le raisonnement humain. Le miracle de l'amour est paradoxal.

Les deux héros de cette histoire légendaire furent heureux, eurent beaucoup d'enfants. Ils moururent le même jour, à la même heure, la main dans la main, après plus de 60 ans de vie commune. Ils furent enterrés côte à côte dans un cercueil oublié et enfoui quelque part sous l'église.

Depuis ce temps là, les amoureux qui viennent le jour de Pâques dans cette église de Guimilliau, dire OUI à la VIE, même s'ils n'entendent pas le chant du coq de l'amour, ont une relation avec la tendresse et la confiance. C'est le miracle de l'amour partagé.

8
Les ensorcelés

Au fil des siècles, la sorcellerie n'a jamais été l'apanage d'une ethnie particulière. De nos jours, pourtant supposés modernes, elle existe encore partout. Au Pays des Enclos elle a cependant revêtu une livrée particulière, celle dite des " ensorcelés ". Cette forme de sorcellerie n'était pas le fait d'un sorcier attitré, connu et craint. Elle concernait en fait tous les habitants de la région, hommes et femmes d'âge mûr. Une fois ou l'autre dans leur vie ils subissaient l'influence d'une force inconnue venue d'ailleurs qui les poussait à des égarements. Est-ce le fruit d'une imagination hantée par les histoires et contes fantastiques racontés les soirs d'hiver au coin du feu ? Est-ce une faiblesse mentale endémique qui aurait frappé cette région du 12ème au 19ème siècle ? Cette constance avec laquelle tous et à toutes époques eurent des visions et subirent des faits étranges a quelque chose de troublant. De nos jours, aube du 21ème siècle, il y a encore des visionnaires qui vous parlent de faits extraordinaires, telles certaines sectes " mangeuses de l'esprit " où aussi les OVNI, etc.

Les histoires qui suivent donnent un aperçu de ces phénomènes surnaturels qui ont alimenté les légendes du Pays des Enclos.

* * *

Celui-ci, appelons-le " Jakou ". Il vivait dans une ferme isolée, un coin un peu perdu, auquel on accédait par un chemin creux, raviné, boueux, enserré par de hauts talus couverts d'un taillis d'arbres et de ronces. Aujourd'hui cela paraîtrait romantique de se promener dans ce tunnel couvert de verdure, où le soleil glisse difficilement ses rayons. Pour Jakou ce chemin était une calamité : il n'y passait qu'en carriole ou à dos de cheval pour ne pas se tordre les chevilles et laisser ses sabots dans la boue glaiseuse.

Un soir, à la nuit tombée, après une dure journée de labeur, il eut besoin de se rendre au moulin, à 1 km de sa ferme, pour y régler quelques affaires. Il évita le chemin et prit à travers champs, prairies et bosquets par des passages connus de lui, en direction du moulin, en se repérant sur une lucarne de celui-ci, faiblement éclairée.

La nuit était noire, sans lune, quand il arriva à hauteur du bosquet. Il entendit derrière lui une sorte de grognement. Il tourna vivement sur lui-même d'un demi-tour, le " Penn Baz " levé, prêt à se défendre, mais il ne vit rien. Il entendit seulement une sorte de frôlement qui fit bruisser les fougères au pied des arbres. Rassuré il se retourna, d'un quart de tour seulement, et il vit une lumière qu'il prit pour celle de la lucarne. Il repris sa marche dans cette direction. Au bout de quelques pas la lumière lui parut étrange. Elle était vacillante et en même temps plus brillante. Au bout d'une centaine de pas, l'inquiétude le gagna car il aurait déjà dû être sorti du bosquet. Mais malgré lui, toujours guidé par cette lumière sautillante qui l'attirait comme un aimant, il continuait à marcher et il marcha ainsi longtemps ... longtemps ... Une grande crainte l'envahit, apportant le trouble dans son jugement. Pris de panique, il se mit à courir, cherchant à attraper ce feu follet. Un moment il crut l'atteindre. Il ouvrit les bras pour s'en saisir, mais à ce moment là il buta contre une souche et tomba lourdement la face en avant, s'assommant sur une pierre, se griffant le visage et les mains dans les ronces et les orties. Combien de temps resta-t-il inconscient, il ne le sut jamais. Quant il reprit ses esprits le jour pointait déjà. Il se releva à grande peine. Il était gelé, le teint violacé, le sang séché sur son visage martyrisé lui donnait un air épouvantable ! Il regarda ses mains griffées, ses vêtements déchirés. Transi de froid, il était pitoyable à regarder. Il était également pieds nus, ayant perdu ses sabots. Jakou regarda autour de lui et ne reconnut pas le paysage. Au loin il entendit un coq chanter. Faisant un effort immense, il se repéra sur ce cocorico et se mit en marche. Quant il arriva près de la ferme du coq il la reconnut et sut où il se trouvait. C'était à plus d'une lieue de sa maison ! Conscient de son état il évita de se montrer et à travers champs regagna sa ferme. Quant sa femme le vit elle fut prise de pitié, le soigna, lui donna du lait chaud et alluma un grand feu pour le réchauffer. Jakou lui raconta ce qui lui était arrivé. Plus tard dans la journée, accompagné de sa femme ils se rendirent sur le lieu où il était tombé. Ils y trouvèrent ses sabots.

L'Esprit-Malin (ar spered gwidreuz) l'avait ensorcelé et seule sa robuste constitution lui avait permis de résister à la froidure de la nuit et d'échapper à l'Ankou (la mort).

Jamais plus Jakou ne circula la nuit.

Cette histoire s'est déroulée sur LOCMELAR.

* * *

Celle-la, appelons-la " Soaz ", belle brune d'une trentaine d'années, bonne chrétienne, courageuse, travailleuse. Elle venait de se fiancer et devait selon la coutume se marier à Pâques, mais on n'était encore qu'au solstice d'hiver. Elle s'était rendue ce soir là chez une tante qui était couturière, à une _ lieue de chez elle, pour parler de la confection de son trousseau de mariage. Mais quand on parle chiffons le temps passe si vite que ni l'une ni l'autre ne s'étaient rendu compte que la nuit était venue. Soaz décida pourtant de renter chez elle car ses parents devaient l'attendre. Elle prit le sentier caillouteux et sombre, un peu inquiète toutefois, car il faisait nuit noire. Elle partit en promettant à sa tante qu'elle sonnerait le " Korn bout " (prononcer " boutte "), corne de vache duquel sortait un son lugubre, pour signaler son arrivée.

En cours de route elle devait passer devant un calvaire. Occupée par quelques pensées libertines elle dépassa ce dernier sans s'en rendre compte et en oubliant de faire le signe de croix habituel. C'est alors que devant elle surgit une ombre qui curieusement, malgré la nuit, se voyait comme au grand jour. Cette ombre s'adressa à Soaz en ces termes : " Jeune fille tu vas te marier, alors si tu me consacres ton premier enfant je te ferais riche et puissante ". Soaz, ébahie, lui répondit : “ Pourquoi me dis-tu cela ? ”. L’ombre expliqua : “ Cela fait très longtemps que je viens ici, tous les soirs, pour attendre qu’une personne passe, par une nuit sans lune, pendant que les douze coups de minuit sonnent au clocher du village. Tu es la première alors je te pose la question ”. Soaz s’écria : “ Jamais je ne marchanderai ma vie ou celles de mes enfants à venir avec qui que ce soit !”. L’ombre, déçue, poussa un rugissement que seule Soaz pouvait entendre et instantanément elle fut entourée par de petits êtres étranges ayant un seul œil au milieu du visage, pas de nez, et une bouche lumineuse d’où sortait des langues de feu. Leurs bras longs et minces étaient prolongés par des mains à trois doigts. Ces petits monstres, déchaînés, se mirent à la tripoter avec leurs horribles mains en poussant des cris rauques, sépulcraux. Epouvantée elle se roula à terre en criant. A ce moment là les petits êtres disparurent tandis que devant elle se dressait un spectre aux os brillants qui s’entrechoquaient. Il maniait une immense faux qu’il balançait devant elle en s’approchant. Soaz sentant sa dernière heure venue se mit à genoux et fit le signe de croix en implorant le pardon. A peine fini ce signe de croix, les ombres disparurent emportées par un souffle puissant et autour d’elle tout redevint normal.

Soaz courut jusqu’à chez elle. Ses parents en la voyant poussèrent un cri de surprise. Leur fille avait les cheveux blancs, raide comme de la paille sèche. .Elle leur raconta ce qui lui était arrivé auprès du calvaire. Tous les trois firent un signe de croix pour éloigner les mauvais esprits. Le père sonna du Korn Bout pour rassurer la tante. Dans les jours qui suivirent, Soaz fit ses dévotions avec une grande ferveur. Deux jours plus tard, c’était la veille de Noël, elle se rendit à l’église pour la messe de minuit, accompagnée par ses parents. Elle dissimulait ses cheveux sous un foulard. Elle pria de tout son cœur et rentra chez elle. Avant de se coucher elle défit son foulard et alla embrasser ses parents. Ceux-ci restèrent un instant sidérés devant leur fille, car ses cheveux étaient redevenus noirs et souples. La malédiction était vaincue. Le Diable s'en était retourné en Enfer. Elle se maria et eut de beaux enfants. Ceci s'est passé sur PLOUDIRY.

* * *

Celui-la, appelons-le " Champi ". Il était un peu maquignon et un peu marieur occasionnel (bazvalaner). Il avait choisi ces métiers pour pouvoir courir le pays. Il faut dire aussi que c'était un chaud lapin (merhedtaër). Il justifiait ainsi ses déplacements à sa famille, de laquelle il ne s'occupait vraiment pas beaucoup. Il connaissait par contre toutes les veuves et filles légères de la région et ses occupations lutines primaient sur celles de son métier de maquignon. Si les femmes supportaient plus ou moins ce cajoleur, les hommes s'en méfiaient car pour eux c'était un magouilleur. Pour Champi, la nuit était sa complice pour courir le guilledou et faire quelques affaires louches. Mais un jour, ce qui devait arriver arriva : il fut ensorcelé !

Après une journée passée à conter fleurette et à faire bombance au bourg de GUICLAN, tout guilleret et euphorique, il quitta le bourg le soir venu pour se rendre au moulin de TREVILIS, où il savait qu'une accorte meunière l'attendait. Tout excité, rêvant déjà d'une folle nuit d'orgie, il entendit un gémissement en passant près de l'entrée d'un champ, non loin du moulin,. Il regarda à peine dans cette direction et il allait repartir quand un second gémissement plaintif lui remua les entrailles. Il alla donc vers cette forme allongée qu'on distinguait à peine, la nuit étant venue. Il se pencha vers elle et fut abasourdi par ce qu'il vit. Il resta un instant bouche bée. Il avait devant lui la plus belle femme qu'il avait contemplé de toute sa vie. Elle sentait bon la rose. Elle lui sourit, se leva et se lova contre lui. Champi ne put y résister. Il l'enlaça pour l'embrasser. Elle le laissa faire jusqu'à exacerber ses désirs les plus fous. La nuit se passa ainsi en ébats et caresses. Vers le petit matin, épuisé, Champi demanda grâce et s'endormit. A six heures, le clocher du village sonna l'heure. Réveillé par ce son Champi ouvrit les yeux. Il tenait toujours la main de la belle. Avant de se tourner vers elle, il rêva un instant encore de cette femme qu'il nommait déjà au fond de son cœur " la déesse de l'amour ", celle que tout homme devrait rencontrer un jour ... mais lorsqu'il se retourna ce qu'il tenait à la main c'était la queue d'un vieux bouc, vermineux, pustuleux, qui ne tenait debout qu'en écartant les jambes comme un cabri qui vient de naître ! Affolé, il prit la fuite en traînant dans son sillage la puanteur du vieux bouc, ses vêtements maculés par les pustules crevées. Il courut … courut … Les gens qui le virent passer racontèrent par la suite avoir reconnu dans ce pestiféré horrible et hurlant " Champi le magouilleur, le coureur de filles ! ". Le vieux bouc fut retrouvé mort sur place. Il fut enterré dans un coin du champ.

Champi rentra chez lui à Toull-ar-Laër en Commana. Personne ne le revit jamais sur les routes ni aux foires. Il devint bon mari et bon père. Mais à chaque nuit de pleine lune la vision du bouc le hantait, sa tête grimaçante lui rappelant ses incartades et ses folies passées !

9
Fontaine maléfique

" Bouges a vougezo dour mad biken na vezo "
(Bougès se morfondra, bonne eau jamais il n'y aura)

Dans la vallée de la PENZÉ en St-THEGONNEC, près d'un village nommé BOUGES (" ès " en français), dans le creux du vallon, jaillissait une source qui communiquait par un ru avec la rivière Penzé en contrebas. Cette source était réputée maléfique. Au-dessus d'elle une forêt d'ifs séculaires, dont les feuilles persistantes en aiguilles et les baies rouges contiennent un alcaloïde toxique pour l'homme et les animaux. Cette source, aménagée comme une fontaine, était profonde et étroite. Son eau claire incitait les passants à en boire. Pourtant nulle herbe n'y poussait. Les grenouilles et les salamandres l'avaient désertées. On murmurait dans le pays que ceux qui en buvaient " *et qui n'en mouraient pas* " avaient passé un pacte avec le diable. On disait aussi que ceux qui s'y abreuvaient, humains et animaux, souffraient de troubles hallucinatoires, mirifiques, fantasmatiques, qui les plongeaient dans un délire aigu vécu intensément. La persistance d'en boire conduisait inévitablement à une mort précoce. Il n'y avait que les inconscients un peu fous qui en buvaient. Ceux-ci, niant la réalité, considéraient ces visions oniriques invoquées comme des sornettes bourrées de coquecigrues, des racontars destinés à abuser les gens ordinaires pour les dominer.

Dans le village de Bouges, il y avait un homme vivant misérablement de quelques menus services qu'il rendait aux gens du village. On l'avait surnommé " Frifurch " (le fouineur) à cause de sa curiosité parfois malsaine. Il dormait dans une crèche avec les vaches. Il s'habillait de vieilles hardes que, compatissant les gens du village lui donnaient. Parfois, pour manger, il rapinait en cachette quelques victuailles.

Frifurch connaissait l'histoire de la fontaine et de ses maléfices. Malgré la grande crainte que cela lui causait, sa curiosité maladive le poussa un jour à aller voir ce qui s'y passait. Il choisit un jour de pleine lune vers le solstice d'été, car d'après les croyances c'était le meilleur moment, où, après s'être abreuvé d'eau, les prodiges étaient les plus fabuleux. Arrivé sur place bien avant l'heure, Frifurch lampa goulûment de cette eau et alla se tapir derrière un bouquet de buis juste au-dessus de la fontaine ; puis, le temps passant, il s'endormit. Vers minuit, il fut brusquement réveillé par un bruit (sans doute un renard qui passait) et il vit dansant dans l'eau claire qu'éclairait un rayon de lune des femmes nues, démones girondes, ensorcelantes. Ebloui, attiré par tant de beautés, l'eau maléfique se jouant de lui, il se pencha pour mieux voir. Il se pencha tellement qu'il bascula " chouk a benn "' c'est-à-dire tête la première dans la fontaine. Seuls ses pieds émergèrent qui eurent deux ou trois sursauts, comme des ruades vers la lune, puis s'immobilisèrent. Frifurch était parti avec ses belles sylphides pour le Paradis jouir d'un éternel bonheur, à moins que ce ne soit pour s'engloutir en Enfer !

Quelques jours plus tard, un habitant de Bouges qui se rendait à HERLAN vit les deux pieds qui émergeaient. Il alerta le sage du village qui vînt avec lui sur place. Ils sortirent Frifurch de la fontaine, le reconnurent et sans autre forme l'enterrèrent à quelques dizaines de mètres en contrebas.

Par la suite on racontait au village qu'il s'en était allé vers une terre lointaine, une sorte d'Eldorado où il était heureux. On disait aussi, quand une étoile filante, brillante, traversait l'horizon les soirs d'été, que c'était Frifurch qui, heureux, saluait ses amis. Mais quand cette étoile manquait d'éclat, c'est qu'il y avait de l'orage dans le ménage.

Quelques siècles plus tard, la forêt d'ifs fut abattue et, sur cette terre défrichée, poussa une belle prairie. Un peu plus tard au village de ROHELLOU fut creusé un puits qui coupa la veine alimentant cette source maléfique. La fontaine maléfique, en dessous de la forêt d'ifs, cessa donc de couler et n'existe plus.

Comme toujours le site demeure. Y aller faire un tour, c'est découvrir un paysage où cette légende a créé l'histoire.

10
Le juste de Pleyber-Christ

C'était il y a très longtemps. Dans un lieu perdu, près du village de LAMARC'H en PLEYBER-CHRIST, vivait un homme courageux avec sa femme toute aussi courageuse. Mais ils étaient pauvres ; la vraie pauvreté ; celle qui vous poursuit et qui s'attache à vous comme une sangsue, qui vous suce jusqu'à la moelle. Quand une moisson était prometteuse, un orage la détruisait. Quand une bête était bonne à vendre, elle tombait malade. Quand quelques poules pondaient, le renard les mangeait.

Job le malchanceux avait pour épouse Mari, toute aussi malchanceuse que lui. Elle avait déjà eu six enfants, plus ou moins difformes, qui mouraient tous de maladie dès leur première année. Pourtant Job et Mari étaient de bons chrétiens. Ils priaient tous les soirs en demandant pour le lendemain un jour meilleur. Hélas rien ne venait, la malchance était là, tenace, accrocheuse … jusqu'à ce jour où Mari donna naissance à son septième enfant, un beau garçon robuste, plein de santé. Cette arrivée de l'enfant sembla faire reculer la malchance. Cette accalmie redonna espoir à Job et Mari.

Toutefois Job n'était pas tranquille. Une certaine inquiétude le tenaillait car, s'il mourrait, que deviendraient son fils et sa femme ? Il décida donc de donner un parrain à son fils selon la coutume. Mais il se dit que cet homme, pauvre ou riche peut lui importait, devait être avant tout bon et juste. L'enfant étant né le jour de Noël, jour béni entre tous, ils lui donnèrent les prénoms de Samzun et Jesuz (Samson et Jésus) en l'honneur de la Nativité.

Un jour après avoir embrassé sa femme et son fils il se mit en route pour accomplir ce vœu à la recherche d'un parrain, un homme juste.

Le premier homme qu'il rencontra fut un homme qui vivait de la chasse, mais aussi du braconnage et de quelques rapines. Voyant Job il lui demanda :

— Où vas-tu de ce pas alerte ?

Job lui répondit :

— Je cherche un parrain pour mon fils qui vient de naître, mais celui qui le sera devra être un homme juste.

Le braconnier, pensant tirer divers avantages de cette situation, logement occasionnel, nourriture, etc. dit à Job :

— Je suis ton homme ! Si tu le veux je serais le parrain de ton enfant.

Job réfléchit un instant et lui répondit :

— Tu chasses sur des terres qui ne t'appartiennent pas, tu poses des collets qui étranglent les bêtes domestiques ; tu voles parfois aussi quelques œufs dans les poulaillers et des fruits ici et là. Alors non, je ne crois pas que tu seras le parrain car tu n'es pas un homme juste.

Le deuxième homme qu'il rencontra sortait d'une chapelle et s'apprêtait à monter dans un char-à-bancs tiré par un beau cheval bai. L'homme lui demanda :

— Que fais-tu là ?

Job, qui avait reconnu le curé de Pleyber-Christ, lui répondit :

— Je cherche un parrain pour mon fils qui vient de naître, mais il faut que cet homme soit un juste.

Le curé vit là un possible avantage pour son église. Un chrétien de plus, fût-il pauvre, ne se refuse pas car, plus tard, cet enfant, ayant un curé pour parrain, ne pourrait pas refuser les services mineurs de l'Eglise. Il dit à Job :

— Dans ce cas je suis l'homme juste que tu cherches. Je veux bien être le parrain de ton enfant.

Job réfléchit un instant et répondit :

— Je ne puis vous accepter comme parrain car les pauvres comme moi n'ont pas de place dans la chapelle pour la messe du dimanche. Même si on arrive les premiers, bien en avance sur l'heure, nous ne pouvons pas y entrer, et cela qu'il pleuve, vente ou gèle. Les riches et les gens aisés rentrent d'abord et nous après s'il reste de la place, c'est injuste.

Job continua jusqu'au bourg. Il rencontra le fossoyeur qui lui demanda :

— Où vas-tu comme çà ?

Job lui répondit :

— J'ai eu un fils en bonne santé. Je lui cherche un parrain, mais il faut que celui-ci soit un homme juste.

Le fossoyeur lui dit :

— Je suis ton homme car je suis juste. J'enterre les riches et les pauvres sans distinction. Je creuse la tombe de l'un ou de l'autre avec le même respect.

Job réfléchit un instant et répondit :

— Ce que tu dis là est vrai, c'est juste, très juste, tu seras le parrain.

Le baptême eut lieu quelques jours plus tard. Ce fut le vicaire qui baptisa Samsun, Jesuz N.... car le curé contrit avait préféré s'abstenir.

Par la suite le fossoyeur venait chaque année voir son filleul et lui apportait de menus cadeaux. Celui-ci grandissait. Il était fort et beau, plein de santé, respirant la joie de vivre. Un jour le fossoyeur dit à Job :

— Cela fait bien dix ans que je viens ici. Toi tu n'es jamais venu chez moi. La prochaine fois que tu viendras au bourg rends moi visite avec ta femme et mon filleul. Surtout n'oublie pas, ce serait une offense de ta part !

Quelques temps plus tard, Job et sa famille se rendirent chez le fossoyeur. Celui-ci les accueillit dans sa maison, bien modeste, mais elle leur parut comme un palais. Après qu'ils eurent dégusté quelques galettes et bolées de cidre, le fossoyeur dit à Job :

— Tu vois, au fond de la maison, il y a une porte. Derrière celle-ci il y a la chambre de l'Ankou. Il y passe tous les soirs allumer les bougies qui s'y trouvent. Je vais te la montrer, mais à toi seul.

Ils allèrent donc tous les deux dans cette chambre. Tout-à-coup, un souffle emplit la pièce et toutes les bougies s'allumèrent. Intrigué, Job demanda :

— Qu'est-ce que cela signifie ?

Le fossoyeur lui confia alors :

— Je suis le serviteur de l'Ankou pour Pleyber-Christ. Chaque habitant a sa bougie.

Job posa une autre question :

— Pourquoi y-en-a-t-il des longues et des courtes ?

Le fossoyeur répondit :

— Elles indiquent le temps qu'il reste à vivre pour chacun.

Job en regardait une au bout de la table, dont la minuscule flamme allait s'éteindre. Il demanda en la montrant du doigt :

— Celle là, c'est celle de qui ?

Le fossoyeur réfléchit un instant avant de répondre :

— C'est celle du Seigneur Jehan de Koat. Dans une heure il sera mort.

Puis Job regarda plus près de lui et vit une autre bougie courte à la flamme vacillante. Il interrogea de nouveau le fossoyeur qui lui répondit :

— C'est la tienne Job. Dans un mois tu seras mort.

— Ne peut-on, dit Job, me rallonger la vie ? Il suffirait de prendre un peu de cire sur celle-ci qui est la plus longue de toutes pour la rajouter sur la mienne.

Le fossoyeur le regarda et avec une grande douceur lui dit

— Celle-là … c'est celle de ton fils.

Job baissa la tête.

— Je lui ai donné la vie. Qu'il la garde toute entière.

Il se rappela alors sa recherche de l'homme juste pour en faire le parrain de son fils. L'homme juste, il venait vraiment de le trouver : c'était le serviteur de l'Ankou.

Bien plus tard c'est Samsun, que tout le monde appelait Jesuz, le fils de Job et de Mari, qui devint à son tour le fossoyeur, c'est-à-dire l'homme juste, de Pleyber-Christ.

De nos jours cela ne se passe plus ainsi, car la médecine a faussé le jeu de la mort. Mais soyez en paix, l'Ankou est toujours là, à l'heure pour tout le monde, et il n'oublie jamais personne …

11
Le val des korrigans

Au 3ème siècle de notre ère, bien avant que les moines Gallois ne soient venus christianiser la Bretagne, sur un territoire qui prit par la suite le nom de St-THEGONNEC; dans le val de la rivière appelé bien plus tard " le COAT-TOUL-SAC'H ", au lieu-dit de nos jours " CANLESPOUDOU ", dans un étranglement de ce val qui a l'aspect d'un défilé avec têtes de roches apparentes, entre les villages de KELENNEC à l'ouest et TIGWEN à l'est, se trouvait le " VAL DES KORRIGANS ". Ce lieu était couvert d'une forêt d'aulnes et était très marécageux (la rivière a retrouvé son lit depuis).

Pour aller d'un village à l'autre, situés de part et d'autre sur les crêtes, il fallait par une piste abrupte, ombragée, passer par le fond du val en empruntant un gué. Celui-ci était constitué de roches plates de deux pieds au carré, séparées entre elles par un passage d'égal largeur.

Les Korrigans, ces êtres nocturnes dont la taille pour les plus grands atteint à peine trois pieds, y dansaient la sarabande chaque nuit et guettaient avec avidité les passants qui s'y aventuraient par les nuits sans lune ; pour eux c'étaient des nuits de liesse !

Deux genres de Korrigans vivaient en ce lieu : les joyeux optimistes, vêtus de bleu et blanc, et les tristes pessimistes, vêtus en noir et rouge. Leur plaisir, quand un imprudent s'y aventurait dans la nuit noire, était de lui poser comme droit de passage trois questions auxquelles il convenait de bien répondre. Pour chaque erreur une pierre du gué disparaissait. Au bout de trois erreurs trois pierres avaient disparues, soit un espace vide de près de quatre mètres. Pour ne pas être englouti dans le marécage et dévoré par les bêtes gluantes qui y vivaient, il fallait au quidam imprudent sauter cette longueur à la force de ses jarrets et sans accessoire. Personne n'avait encore réussi cet exploit.

Les Korrigans, menés par le grand Ardri (le Roi), faisaient précéder ce saut de la mort des rites ci-dessus exposés et d'une ronde qu'ils dansaient en se tenant par la main, un joyeux et un triste korrigan en alternance. Le point de départ était une pierre blanche et au milieu du cercle ainsi formé le passant imprudent devait se tenir debout. Le grand Ardri était assis sur la pierre blanche, rythmant la danse du cri " Kouic…Kouac ". Les joyeux Korrigans faisaient un pas en avant au cri de " Kou…. " et revenaient en arrière au son

“ ..ic ”. Les tristes Korrigans, toujours en se tenant par la main, faisaient un pas en arrière au cri “ Kou… ” et revenaient en avant au son “ …ac ”. Cela donnait une surprenante ondulation. Quand le dernier de la ronde passait devant la pierre blanche, la ronde s’arrêtait et le grand Ardri posait la première question au quidam et ainsi de suite jusqu’à la troisième. Ces questions variaient selon l’humeur du temps et les saisons et ne répondaient à aucune règle précise. Ceci rendait impossible toute prévision. Jamais personne n’avait réussi à vaincre les sortilèges.

Pour toute mauvaise réponse les pessimistes criaient sur un air lugubre : “ Il a perdu … du … du … ”. Si par hasard il y avait une bonne réponse, les joyeux chantaient gaiement : “ Il a gagné ... gné … gné … ”. Ces “ Kouic – Kouac ” donnaient un étrange son qui, entendu de loin, ressemblait au coassement des rainettes qui habitaient ce lieu. Seules des oreilles exercées et les initiés faisaient la différence et s’en servaient pour impressionner les simples mortels.

Dans le village de Lochgwen, dominant le val à l’est, vivaient Zog et Goz. Zog était chasseur et Goz sa compagne tissait le lin pour en faire du gwïad (étoffe). Un jour, au cours d’une chasse, Zog vit des loups qui s’acharnaient, après l’avoir retournée sur le dos, sur une tortue, cherchant à la dévorer. N’écoutant que son courage Zog avec son Penn-Baz “ torr-e –ben ” attaqua les loups, en tuant un et en faisant fuir l’autre. Compatissant il prit la tortue et la soigna. Celle-ci guérit et regagna un jour le fond du val. Quelques années plus tard Zog se rendit à un village de l’autre côté de la vallée pour échanger des pièces de linge tissées par Goz contre des couteaux, des poteries, etc. Le troc n’ayant été qu’à moitié bon Zog revenait soucieusement vers sa hutte. En passant dans le village du Lochkelenn, sur le côté ouest du val, il se rappela que ce village était bien connu pour ses femmes accortes et peu farouches. Pour oublier ses soucis, il s'arrêta à la première hutte et y salua les femmes. Celles-ci, rusées le firent boire force hydromel à grandes goulées. Quand il voulu se lever il tomba en arrière de tout son long, ivre mort. Les " guisti " (femmes roublardes) le dépouillèrent de ses tissus et achats, le traînèrent jusqu'au bord du val et l'y poussèrent. Il dégringola jusqu'au fond. Quand il se réveilla minuit venait de sonner. En ouvrant les yeux, il se vit entouré par les Korrigans ! Le grand Ardri alla vers lui et lui expliqua le processus de passage, puis il lui posa les trois questions rituelles. Les Korrigans lancèrent la danse.

1ère question : Quelle différence y-a-t-il entre un druide et une poule ?

Zog, malgré un mal de tête épouvantable, réfléchissait pendant que les Korrigans dansaient leur première ronde. A la fin de celle-ci, n'ayant pu répondre, une pierre disparut du gué *(la réponse était : le druide gagne sa journée par la bouche … et la poule par son cul).*

2ème question : Devine ce qui passe au milieu des épines sans se faire aucun mal !

De nouveau, Zog fut incapable de répondre et une deuxième pierre disparut alors que les Korrigans terminaient leur danse *(la réponse était : un rayon de soleil).*

3ème question : Il est tout en couleurs ; il marche nu-pieds hiver comme été ; il a plusieurs femmes et n'est pas marié. Qui est-ce ?

Encore une fois Zog resta muet et, la ronde des Korrigan s'étant arrêtée, la troisième pierre disparut *(la réponse était : le coq).*

Un immense " Kouac " lugubre s'éleva qui fut entendu alentours. Les Korrigans optimistes étaient tristes tandis que les Korrigans pessimistes grimaçaient sournoisement. Tous attendaient la curée.

Zog fut conduit et placé devant le gué pour tenter le saut impossible. La peur lui donnant des ailes, il prit position pour s'élancer ... et ... juste à ce moment, émergea du marécage la tête d'une tortue dont la carapace faisait trois pieds de circonférence environ. Zog reconnu son amie, celle qu'il avait sauvée autrefois. La tortue lui fit comprendre qu'elle allait l'aider à traverser. Elle poussa un petit cri et le passage se couvrit d'autres tortues, offrant ainsi à Zog un passage royal et sans danger. Il traversa sans encombres et remercia chaleureusement son amie la tortue.

Tout dépenaillé, il arriva à sa hutte où il fut accueilli par Goz, dont l'inquiétude faisait peine à voir. Bien plus tard, un jour que Goz passait à Lochkelenn, elle reconnut sur le dos des femmes le tissu qu'elle avait tissé. Elle eut des doutes sur la fidélité de son homme mais elle ne dit rien car Zog était devenu depuis cette histoire un sage d'une grande prévenance.

Cette histoire est la preuve qu'un bienfait n'est jamais perdu. Zog fut sauvé par celle qu'il avait lui-même sauvée.

Le Val des Korrigans existe toujours, mais de nos jours c'est une prairie. De part et d'autre vous verrez si vous y allez d'un côté le village de TIGWEN et sur l'autre bord celui de KELENNEC. Si vous y passez un jour, ou plutôt une nuit sans lune, vous serez vous aussi enveloppé de cette atmosphère étrange faite de bruits sourds qu'agite le vent dans cette gorge étroite. Et si, par hasard, vous entendez le cri “ Kouac ” poussé par une grenouille ou une rainette, vous pourrez dire que dans le val des Korrigans quelque chose d'occulte s'y passe encore.

Gwen	*: blanc*
Kelen	*: houx*
Gwiad	*: étoffe*
Loch	*: hutte*

12
Le diable à Kroaz Kruch

(An diaoul e kroaz kruch)

"Eno eman an diaoul e ne buch " (là est accroupi le diable)

Il y a fort longtemps de cela, le croisement appelé KRUCH sur SIZUN (Kruch : monticule, tumulus) était la seule jonction des routes qui reliaient Sizun le bourg au village de QUISTINIT, et LOC-ILDUT à St-MAUDETZ. Jouxtant ce carrefour, perdu dans la forêt, le village du Kruch. Les traces de ce village sont encore visibles de nos jours. On peut y voir entre autre un dolmen écroulé.

C'est ici dit la légende qu'à chaque nouvelle lune, lorsque la nuit était bien noire, que le Diable, accroupi, attendait les âmes que lui apportait l'Ankou dans sa charrette tirée par un cheval hongre (l'Ankou, personnification celte de la mort, est un squelette porteur d'une faux. Il est réputé le plus juste de la terre car il n'oublie jamais personne). Mais quand l'Ankou n'était pas au rendez-vous mensuel , faute de morts dans le pays, le Diable, dit-on, jetait son dévolu sur le premier passant ou passante de la nuit.

Pour attirer les hommes le Diable se servait de diablesses nues d'une beauté stupéfiante qui minaudaient pour allécher les hommes. La seule manière d'échapper au sortilège était pour le passant de fermer les yeux et de boucher ses oreilles par de la glaise. Pour les femmes qui osaient y cheminer, les démones étaient remplacées par des diables d'une beauté séduisante qui murmuraient des mots à la tendresse envoûtante. Pour éviter ce piège, elles devaient comme les hommes fermer les yeux et se boucher les oreilles. La moindre curiosité était punie de mort avec l'Enfer pour éternité !

Dans le village du Kruch un homme prénommé Laouig observait ce manège des diables depuis plus de vingt ans. Il se dit qu'il pouvait jouir du spectacle sans danger, ayant observé que certaines bêtes étaient insensibles aux mirages de cette sorcellerie. Il avait remarqué que les chèvres et les boucs, entre autres, passaient ce lieu maudit sans encombres. Il décida donc une nuit de se revêtir d'une peau de bouc et de passer cet endroit à quatre pattes. C'est ainsi dissimulé qu'il traversa le croisement. Il vit évidemment les diables et diablesses dans leurs rondes infernales. Comme il s'attardait à regarder ces magies, un diable intrigué s'approcha de lui et lui dit :

— Toi le bouc, ta place n'est pas ici, passes vite ton chemin ou dis-moi ce que tu cherches.

Pris de panique, Laouig poussa un hurlement et s'enfuit en courant sur ses pattes de derrière, la peur lui donnant des ailes. Un instant surpris, le diable. lui lança néanmoins un sort, mais Laouig avait déjà un pied hors du cercle magique. Le sort en fut donc atténué.

Laouig rentra chez lui, et se débarrassa de sa peau de bouc, puis fatigué il s'endormit. Le matin, quand il se leva, il vaqua à ses occupations, mais les villageois quand ils le virent s'enfuirent épouvantés. Etonné, cherchant à comprendre, il se pencha vers l'eau claire d'une auge pour se rafraîchir et ce qu'il vit le remplit d'effroi : son front était orné d'une belle paire de cornes de bouc ! Une voix mystérieuse venant du Dolmen lui dit :

— La curiosité est un défaut si vilain que maintenant, comme punition, tu porteras ces cornes pendant treize lunes. Désormais ton nom sera Laouig an Diaoulig.

Couvert par l'opprobre des villageois, il quitta le pays et personne ne le revit jamais.

Ce lieu existe toujours mais depuis fort longtemps le diable a quitté ce croisement perdu, allant vers d'autres lieux porter ses maléfices.

13
L'homme qui a vu le ciel

C'était au début du 20ème siècle. Sur la montagne, là-haut sur les Monts d'Arrée, non loin des portes du Ciel et de l'Enfer, au pied du mont TUCHENN KADOR, vint habiter un homme surgis de nulle part. Il créa sur une parcelle de landes une étrange construction faite de panneaux maçonnés. Chaque panneau portait des inscriptions cabalistiques qui semblaient issues de la Bible et des sciences occultes.

Cet homme d'un grand âge vivait en cet endroit dans une cabane en pierre recouverte d'ardoise. Pour y entrer, il fallait se mettre à quatre pattes. A l'intérieur seules deux personnes pouvaient s'y tenir, allongées ou accroupies. Par les interstices, judicieusement disposés dans quelques pierres du mur, l'homme pouvait voir chacun des panneaux entourant ce clos. Sa seule compagne, une chèvre, était aussi la gardienne de ce lieu insolite et n'oubliait jamais d'annoncer par un bref bêlement la venue d'un intrus sur ce clos.

Un jour, intrigué par ce que l'on disait dans le pays sur cet ermite qui se nourrissait d'herbes, d'airelles et du lait de sa chèvre - certains le considérant comme un grand sage, d'autres comme un fou et d'autres encore comme un sorcier qu'il valait mieux éviter - je décidais d'aller le voir.

Nous étions dans les premiers jours de l'été de l'an 19… lorsque je m'y rendis à bicyclette. Sur place, près de l'entrée du clos, je laissais la bicyclette dans le fossé. De l'entrée je vis tous les panneaux d'un seul coup d'œil. Une étrange sensation me remplit de trouble, et seule la curiosité me poussa à entrer. Il y avait quinze panneaux, avec des inscriptions (je l'appris plus tard) en français, latin, grec et breton. C'est devant le 14ème panneau que je suis resté comme figé car c'était le seul qui avait une inscription en breton. Celle-ci disait : " Ma ze glan da galon en tu all d'an hor man eo an eurusted evit atao " *(soit en français : " Si ton cœur est pur, de l'autre côté de cette porte est la félicité pour l'éternité ").*

Tout à coup, sans que je l'aie entendu venir, l'ermite était près de moi. C'était un homme sans âge portant une barbe et une longue chevelure blanche ; ses yeux pétillaient, comme s'il était heureux de me voir. Sa chèvre vint me lécher les mains. D'une voix étrangement douce il me demanda ce que je ressentais devant cette inscription. Surpris par la question, je lui demandais :

— Où est-elle donc cette porte du bonheur ?

Il me répondit :

— Cette porte n'est visible que pour les justes et ne peut-être franchie qu'après la mort.

Avec lui et la chèvre je fis le tour de tous les panneaux. Il m'en expliquait les inscriptions une à une. Ebloui par ses connaissances, je lui dis :

— Mais, tu es un grand savant !

Il me regarda droit dans les yeux.

— La seule langue que je connaisse est le breton, quelqu'un d'invisible a guidé ma main pour écrire ces pensées. Je ne sais pas lire, mais je sais au fond de moi les paroles qui y sont inscrites.

Puis il me guida vers sa hutte et j'y entrais avec lui. Là, assis tous deux en tailleur, il me fit cette confidence :

“ Je viens d'un pays, au-delà des deux montagnes, où je vivais heureux, entouré de quelques acres de terre et de landes. Un jour arriva où je m'endormis si profondément que le voisinage me crut mort. Le vieux médecin du village confirma même cette mort. Comme c'est l'habitude chez nous une chambre mortuaire fut faite et deux vieilles “ paterez ” veillèrent sur mon corps toute la nuit.

Mais pendant ce temps je voyageais et je vis dans un lieu inconnu une immense clarté, étincelante, flamboyante, plus grande que la terre. Loin en dessous une grande boule noire agitée, turbulente, roulant sur elle-même comme en colère.

Un genre de cordon laiteux sans éclat la reliait à la masse infinie. Pris de panique devant ces phénomènes inconnus, je criais “ Papa, Maman, aidez-moi ! ”. Dans cet immense univers de lumière s'ouvrit alors une fenêtre et je vis mon père et ma mère. Ils me dirent ensemble : “ Champi, il faut que tu regagnes la terre pour dire à tes prochains que là où nous sommes maintenant le bonheur est grand et éternel. Tu accompliras des actes pour la paix ”. Soudain ces visions s'estompèrent. Je me réveillai et m'assis sur mon lit. Les deux vieilles femmes qui veillaient sur moi comme sur un mort, d'abord surprises, hébétées, se levèrent d'un seul coup et s'enfuirent en hurlant “ Champi est ressuscité !!! ”.

Je m'habillai tranquillement et sortis de la maison. Devant moi je vis accourir le médecin et le vieux curé du village. A ma vue le médecin dit : “ Ce n'est pas possible, il y a du diable là-dessous ! ”. Entendant cela le vieux curé cria : “ Vade retro satanas !!! ”. A partir de ce moment, partout où j'allais les gens fuyaient. Alors, un jour, j'ai quitté ce pays qui se trouve au-delà des deux montagnes et je suis venu ici , près de la porte du Ciel. Ici, personne ne fuit, mais pour autant personne ne veux ou ne peut comprendre mes messages qui leur disent que “ le bonheur est dans la pureté de l'esprit ”. Ils me prennent pour un inconscient. Pourtant j'ai vu la porte du Paradis ! Un jour, je retournerai vers cette clarté infinie, éblouissante ; mon corps se consumera ; cette œuvre terrestre disparaîtra et les ténèbres envahiront les esprits ”.

J'ai dû m'expatrier. Quand je suis revenu au pays 40 années plus tard il ne restait plus rien que quelques pierres éparses. Ainsi vont les hommes et les choses, seule restera cette histoire qui sera légende un jour.

Arc de triomphe de La Martyre (dessin de Robida).

14
Salaun le gueux

Cela se passait il y a fort longtemps à La MARTYRE, bourgade du Pays des Enclos dans le LEON, perchée sur un haut plateau venteux. Curieusement, La MARTYRE (“ Ar Merzer ” en Breton) est du genre masculin et devient féminin en langue française. Ce lieu devint au moyen âge un haut lieu de foire qui atteint son apogée du 15ème au 19ème siècle. Il était protégé par une enceinte fortifiée.

L’histoire qui va suivre, devenue par la suite une légende, trouve son origine à une époque indéterminée du 1er millénaire.

Dans un village non loin de ce foirail vivait Salaün le Gueux. C’était un être misérable, pauvre entre tous. Habillé de haillons il ne mangeait pas tous les jours à sa faim. Sa maigreur effrayante faisait pitié. Cet homme avait pour compagne une jument maigrichonne aux jambes arquées, une haridelle au poil gris sale, vermineux.

Salaün aurait voulu, c'en était pour lui une obsession, manger un jour un repas convenable avant de mourir … mais il n'avait pas de quoi payer. Un jour pourtant une idée folle lui traversa l'esprit : S'il vendait sa jument, il pourrait manger quelque temps et s'habiller proprement. Seulement, quand il la regardait, il se rendait bien compte que personne ne voudrait de sa jument décharnée. Un jour, poussé par une force mystérieuse, obscure, il se rendit à la foire avec sa jument.

Il fut sur place dès l'aube et attacha sa jument à un pieu, bien en évidence. Il s'assit près d'elle. La matinée se passa mais personne ne s'arrêta pour lui demander quoi que ce soit. Vers midi il déjeuna d'une pomme et d'une poignée de doucette et donna à sa jument un peu d'herbe.

Vers le soir au moment où le hérault allait sonner la fin de la foire, un homme s'arrêta près de lui et lui demanda :

— Ta jument est-elle à vendre ?

— Oui bien sur, répondit-il.

L'homme tourna autour de la bête, la jaugeant du regard, tata l'encolure, souleva les pattes, regarda les dents, puis après avoir critiqué la maigreur de la jument en demanda le prix. Abasourdi, Salaün resta un instant sans voix, puis balbutia un prix, environ la moitié du prix d'une bête normalement soignée et pimpante. Sans discuter l'homme paya la somme demandée et donna en plus un petit boni pour la longe.

Les larmes aux yeux Salaün vit sa jument s'en aller, mais la faim qui le tenaillait l'attira vers l'échoppe d'un marchand. Timidement il demanda un bout de pain, un morceau de lard et une écuelle de chouchen. Pour lui ce repas était un festin. Il paya recta. Ensuite, pourtant, il rentra à sa hutte tout triste, bouleversé d'avoir trahi une compagne de toujours.

Le lendemain à son réveil, quant il sortit de sa hutte pour se dégourdir les jambes, il vit devant lui sa jument. Elle était revenue. Tout d'abord étonné il la regarda de plus près. C'était bien elle ! Dans ses yeux il vit une lueur complice, joyeuse.

Il attendit plusieurs jours. Son acheteur ne vint jamais la réclamer. Il décida donc quelque temps plus tard de retourner à la foire pour revendre sa jument. Au fond de lui-même il espérait que ce qui s'était passé une fois pouvait se reproduire.

Depuis son retour la jument, mieux soignée et nourrie, avait repris un peu de vigueur. Sans être attirante elle était plus présentable. Il la vendit vers midi à une personne qui avait une vague ressemblance avec le premier acheteur, pour un prix un peu inférieur au cours du marché. Le cœur un peu pincé il vit sa jument partir, mais le fol espoir d'un nouveau miracle le faisait rêver.

Après s'être repu et habillé de neuf, il rentra à sa hutte. La nuit il eut un sommeil agité. Le matin, dès le chant du coq, n'y tenant plus, il se leva, se précipita hors de la hutte et il vit .... que sa jument était là !!! Salaûn venait de comprendre que sa jument n'était pas une vraie jument mais un être fabuleux, mystérieux, une fée sans doute ... Une amie fidèle certainement.

Par la suite Salaün vendit aussi souvent qu'il le voulut sa jument. Après chaque vente elle revenait toujours, un petit peu plus rajeunie, plus belle. Combien de fois la vendit-il, cent fois ou plus, nul ne le sait. Il devint un homme riche et respecté, on l'appelait " Salaün ar Marheg " (le Chevalier Salomon en français).

Sa richesse, il en usait pour aider les pauvres, les éclopés, les malades etc. C'était un homme bon et juste. Il construisit sur l'emplacement actuel du bourg de La Martyre une enceinte fortifiée faite de pieux à l'intérieur de laquelle se tenait la foire.

Un jour pourtant, malgré sa bonté naturelle connue de tous, Salaün, qui une nouvelle fois était venu vendre sa jument, fut attaqué par des malandrins pour lui voler sa jument et son argent. Il se défendit à coups de gourdin mais ne put éviter un malheureux coup de couteau qui lui traversa le corps. Il mourut sur place. Quand les malandrins se saisirent de la longe de la jument, celle-ci disparut dans une auréole lumineuse avec, la chevauchant, un Salaün resplendissant. Il ne leur resta que la longe dans les mains. Sur le sol gisait le corps sans vie du Marheg (Chevalier).

Devant ce phénomène incompréhensible les malandrins, pris d'une peur incoercible, s'enfuirent dans le bois proche. Le lendemain on les y retrouva pendus avec la longe de la jument.

Salaün le Gueux, devenu le prestigieux chevalier (Marheg), est-il à l'origine de La Martyre, je me garderais bien de l'affirmer et encore moins de tenter de le prouver. Cette histoire est une légende que se racontaient nos grands-parents le soir au coin du feu, par les nuits sans lune.

Il est étrange de constater que cette légende est peut-être à l'origine de ce Saint Salomon (Salaün) patron de la paroisse, qui fut lui aussi assassiné. Il est aussi étrange que cette église et la place qui l'entoure soient fortifiées. Il se peut aussi que ce Salaün Ar Marheg ait été christianisé en Saint Salomon par les moines Gallois pour les besoins de leur mission évangélique.

Les légendes ont la tradition coriace ; les faits merveilleux franchissent les millénaires et les siècles, s'enrobant au cours des temps d'un parfum où l'incroyable dépasse le possible du raisonnement humain.

J.F.O. – 29/10/2001

15
La Dame blanche

(Intron Gwen)

C'est du fond des âges (gwechall hendadel), du temps où les Dieux se disputaient l'hégémonie sur la terre, qu'une Dame blanche, venue d'on ne sait où, se fixa sur les rives de la " rivière qui chante " (Dourkan). Les légendes successives rapportées oralement au travers des siècles concernant cette Dame Blanche se recoupent entre elles, néanmoins avec beaucoup de variations. L'intérêt de cette pyramide des contes, c'est qu'invariablement ils se retrouvent sur la rivière ELORN, à proximité du bourg actuel de La ROCHE-MAURICE (Roch Morvan en Breton. La traduction de Morvan en Morgan semblerait plus vraisemblable. Morgan " la mer qui chante ". Maurice est selon certains hagiographes une déformation de Maudez).

A l'époque où débute cette histoire, l'Elorn, ou " l'eau qui chante ", coulait paisible entre les ombrages. Son eau cristalline, parfois turbulente, faisait chanter les pierres de son lit. Cette douce musique était enchanteresse.

Sur l'éperon formé par le rocher (château actuellement) dominant le val, il y avait un village fortifié pour se protéger des animaux et envahisseurs. Les hommes et les femmes de ce village avaient le sens d'une organisation sociale précoce et efficace. Les tribus alentours étaient en admiration devant leur savoir-faire et les considéraient comme des Dieux aux pouvoirs immenses.

Il n'est donc pas étonnant que venant de nulle part la ''Dame Blanche'' se soit arrêtée non loin de ce village civilisé sur les bords de l'Elorn.

Cette Dame d'une grande beauté, toute de blanc vêtue, passait ses journées au bord de la rivière en s'amusant avec cette eau limpide parfois musicale. Puis, la nuit, elle disparaissait.

Que voulait-elle ? Que cherchait-elle ? Qu'attendait-elle ?.

Les gens du village venaient la voir, lui parlaient et parfois lui demandaient conseil. Chaque fois elle répondait d'une voix douce et chantante, toujours avec le sourire. Ses conseils étaient utiles aux femmes du village qui venaient tremper leurs linges dans l'eau de la rivière, mais aussi d'une façon générale aux habitants du village.

Les années passèrent, un siècle, peut-être plus. Elle était toujours là, attendant que quelqu'un lui pose la question qu'elle attendait depuis si longtemps ...

Un jour pourtant un beau jeune homme du village, irrésistiblement attiré par sa beauté et par son attitude impassible et souriante, osa s'adresser à cette femme, considérée comme un mythe, une sorte de guide occulte par les villageois. Il lui demanda :

— Quel âge avez-vous donc ?

Elle répondit :

— Je n'ai pas d'âge, je suis une fille de l'éternité.

Il lui demanda encore :

— La nuit vous n'êtes jamais là, pourquoi ?

Elle répondit :

— J'attendais cette question depuis si longtemps ! Tu es le premier à le la poser et je te récompenserai pour cela. La nuit je rentre chez moi voir mon Maître et le jour je reviens ici pour attendre que quelqu'un m'offre son âme, pour que je puisse être libérée du sortilège qui m'a été imposé. Tu es le premier a me poser cette question, si tu m'offres ton âme, je te ferai riche et puissant.

Cette perspective de richesse et de puissance intéressa le jeune homme et il dit à la Dame :

— Je ne sais pas ce que c'est qu'une âme. Je ne sais pas si j'en ai une, mais si j'en ai une je veux bien te la donner en échange de la puissance et de la richesse que tu promets.

La Dame blanche, resplendissante de joie et de reconnaissance, lui fit un sourire cajoleur dont elle avait le secret. Elle s'approcha de lui et lui dit :

— Mets tes mains sur mes épaules et regarde moi bien dans les yeux puis répète après moi " Morverh * je te donnes mon âme et je te rends ta liberté ".

Il fit ce quelle demandait avec une grande conviction. Avant de partir elle lui encore :

— Un jour tu reviendras en ce lieu et tu m'y retrouveras, je serais là pour t'accueillir.

Puis il y eut comme un souffle ; la Dame Blanche se fondit dans un nuage lumineux. De ce jour on ne la revit plus, elle était partie enfin libérée

Par la suite le jeune homme devint puissant et riche. Tout ce qu'il entreprenait, même les actes les plus fous, lui réussissait : amours, batailles, négoces etc… Il fut surnommé le " Dragon Noir " car il s'était habillé de noir par contraste avec la Dame Blanche. Pendant une décennie, peut-être davantage, il couvrit le pays d'une justice aléatoire, détruisant et organisant parfois en même temps un mode de vie nouveau. Quand il se déplaçait avec sa troupe, c'était comme un tonnerre roulant. Une grande crainte se répandit sur le pays.

Il était comme lui avait dit la Dame Blanche devenu riche et puissant, mais malgré cela il n'était pas pleinement heureux. Une obsession le minait. Chaque soir, quand il se retirait dans sa tente pour se reposer, il rêvait de la Dame Blanche, devenait triste et se languissait d'elle. Il ignorait que cette attirance avait peut-être un nom, ignoré de tous en ce temps là " l'amour ".

Il décida un jour de revenir vers son village natal. Il y fut accueilli en héros. Pendant que sa troupe et les villageois faisaient bombance, la même tristesse qui le poursuivait depuis le début de son épopée le reprit avec force. Attiré par une force invisible il quitta la fête donnée en son honneur et descendit vers les rives de l'Elorn, où un jour il avait quitté la Dame Blanche.

Elle était là, souriante, plus attirante que jamais. Ebloui par sa beauté surnaturelle il se précipita vers elle et la prit dans ses bras pour l'embrasser fougueusement. Que s'est-il passé entre ces deux personnages, on ne le saura sans doute jamais. Le lendemain matin, ses reîtres et les gens du village ne le trouvant pas se mirent à sa recherche. Ils le retrouvèrent allongé au fond de la rivière, sous l'eau, serrant étroitement contre son corps une longue pierre blanche ; il était souriant, apaisé. Le pays retrouva sa tranquillité.

Par la suite, au cours du temps, d'autres auteurs ont créé, ou se sont inspirés de cette histoire, pour écrire des légendes attachées au cycle pré-celtique, où l'amour devient triomphant dans la mort. Celle du chevalier Elorn qui se noya pour sa belle en est une, celle de Tristan et Iseult en est une autre. Les vêtements blancs de la Dame préfigurent la pureté, le noir la nostalgie qui s'attache a un beau ténébreux..

Si vous passez sur le site pittoresque de la Roche-Maurice, vous pourrez mieux imaginer cette légende et peut-être la vivre avec une grande émotion.

J.F.O. – 13/10/2001

* *Morverh   :sirène*

16
Les loups

En ce temps là, les monts d'Arrée étaient couverts de chênes géants, de bouleaux, fayards, ormes, etc. Sous les arbres, une multitude de plantes et de fleurs.

Au centre de la forêt de 100,000 arpents il y avait une clairière, occupée de nos jours par une abbaye Cistercienne (1132). Cet emplacement est aussi attribué à un moine nommé Gerber. Ce lieu a pour nom LE RELEG (reliques) sur PLOUNEOUR-MENEZ.

Dans cette clairière vivaient un homme et sa compagne. La forêt réputée dangereuse était habitée par des meutes de loups. On murmurait alentour que cet homme et sa compagne avaient passé un pacte avec ceux-ci. Comment auraient-ils pu survivre autrement dans ce milieu hostile ? Cet homme avait bâti sa hutte près d'une fontaine en bordure de la clairière (*nda : elle existe toujours et est dédiée à St-Bernard*). Cette clairière, entourée d'arbres géants, avait quelque chose de magique et d'apaisant. Seule l'haleine des zéphirs ou le souffle des aquilons faisaient frémir le feuillage.

Située à plus de 3 lieues du plus proche village, il fallait plus de 3 heures de marche, par des sentiers aux mailles tressées comme une sorte de labyrinthe, pour y arriver. Si on s'égarait en route, on ne revenait plus. Les loups mangeaient les imprudents. C'est du moins ce qui se disait ...

L'homme et sa compagne, venaient de temps en temps au village pour vendre des peaux et du charbon de bois, et aussi pour faire quelques emplettes nécessaires à leur survie.

Un jour qu'il se trouvait dans la forêt avec sa compagne et leur fils né deux mois plus tôt, il se produisit un fait étrange. Ils avaient couché l'enfant sur un lit de fougères et ils s'activaient tous deux à tailler de grosses branches de chêne pour faire du charbon de bois. Un petit moment ils entendirent l'enfant gazouiller. Puis plus rien. Au bout d'un certain temps, leur attention fut attirée par des frôlements comme une ombre qui passe. Un peu inquiets, ils se regardèrent et, sans un mot, dans le plus grand silence, ils allèrent vers le bébé.

Quand ils le virent, ils restèrent figés, cois. La femme poussa un " oh ! " étouffé car leur enfant était là entre les pattes d'une louve allongée et tétait goulûment celle-ci. L'homme prit son courage à deux mains et s'approcha de l'enfant. La louve ne bougea pas ; elle ne manifestait aucune crainte ; ses yeux vifs luisaient de gaieté. L'homme appela sa compagne. Elle s'approcha. Alors la louve se leva et vint lécher les mains de la femme comme si elle était son amie, puis elle retourna vers l'enfant qu'elle allaita de nouveau.

Pour la femme c'était une aubaine, car très fatiguée et amaigrie elle n'avait presque plus de lait. Elle alla donc vers la louve, lui caressa la tête en lui montrant son enfant et en faisant oui de la tête.

L'enfant, enfin repu, s'endormit. Ils reprirent alors l'enfant sans que la louve ne leur fasse aucune difficulté. Une solidarité et une confiance réciproques venaient de naître. Ils rentrèrent chez eux, la louve les suivant des yeux. Le lendemain matin, au petit jour, un grattement à la porte de la hutte les réveilla. L'homme se leva, ouvrit la porte, la louve était là. Elle regarda l'homme, celui-ci lui caressa la tête ; la louve joyeuse et rassurée entra, se dirigea vers la couche de l'enfant et lui offrit son lait que celui-ci téta avec délectation.

* * *

Ce manège dura près d'un an. Le garçon devint fort beau, en pleine santé, d'une vigueur peu commune. Quand il était avec la louve il marchait à quatre pattes à côté d'elle. La louve s'exprimait envers l'enfant par des grognements et il lui répondait pareillement. Ils semblaient se comprendre. Avec ses parents, il marchait debout et avait un vocable humain.

La vie s'écoulait douce et sans problème. Un jour pourtant l'homme et la femme surprirent leur garçon, qui allait sur ses deux ans, jouer avec une meute de jeunes louveteaux. La louve, sa mère nourricière, plaçait le garçon en tête de la meute, comme meneur des jeux.

C'est ainsi que le petit homme devint le compagnon et le maître des loups " an den Bleiz ". L'homme-loup venait de naître.

Les années passèrent. Le jeune homme avait dans les 20 ans. Il était loup parmi les loups et humain parmi les humains. Comme bûcheron il avait succédé à son père qui était mort. Comme lui il allait de temps en temps au village pour ses affaires. Sa mère nourricière, la louve, avait disparu elle aussi.

Tout aurait été pour le mieux .... mais un jour au village .... il avait rencontré une jeune fille qui lui plaisait. Elle aussi le recherchait et ils avaient décidé de s'unir. Cette idée déplaisait au père de la fille car tout ce qui venait de la forêt, impénétrable, faisait toujours peur. On disait aussi que le garçon était le Roi des loups. Le père de la jeune fille était marchand de peaux. En fouillant parmi les ballots de peaux, le jeune homme aidé par la jeune fille tomba en arrêt devant celle d'un loup. Il la prit, la renifla et reconnut la dépouille de sa mère la louve.

Devant son étrange pâleur, le marchand lui demanda ce qui lui arrivait. Le jeune homme le questionna sur l'origine de cette peau. Le marchand lui répondit qu'un jour il avait vu une louve blessée à l'orée de la forêt et qu'il l'avait achevée à coups de gourdin.

Le jeune homme fut prit d'une rage incontrôlée. Sa figure, ses bras, son corps se déformèrent et, en quelques instants, il prit l'aspect d'un loup. Il poussa un hurlement terrible et se jeta sur le marchand qu'il déchiqueta, le laissant mort sur place !

Il prit la jeune fille par la main et s'enfuit dans la forêt où il retrouva sa forme originelle.

La jeune fille, d'abord apeurée, finit par partager sa couche. Ils s'aimaient.

Les hommes du village organisèrent une battue pour retrouver le jeune homme, avec l'intention de le punir de son forfait et de l'enlèvement de la jeune fille. Mais ces hommes, peu aguerris aux marches dans la forêt, faisaient du bruit et s'entendaient à une lieue pour une oreille exercée.

Le jeune homme et sa compagne se regardèrent : Elle était apeurée alors que lui souriait sans inquiétude. Il se tourna vers la forêt et poussa un hurlement qui partit en écho sous les frondaisons, jusqu'au plus lointain de celles-ci.

Quand la troupe des hommes arriva en vue de la clairière, le jeune homme et sa compagne allèrent vers eux. Puis, après avoir compris leurs intentions criminelles, il poussa un hurlement de colère et instantanément il devint loup. Quand le plus téméraire des hommes vint vers lui, menaçant, il poussa un autre hurlement et derrière lui en quelques secondes se matérialisèrent plus de 200 loups, les poils hérissés, les babines retroussées sur des crocs brillants.

Tous les hommes du village, pris de malepeur, s'enfuirent, abandonnant sur place sabots, hardes et armes. Ils racontèrent dans le village des histoires épouvantables dans lesquelles se mouvaient des loups géants, plus grands que les chevaux et les taureaux. Jamais plus personne ne se risqua dans la forêt : C'était devenu le domaine des loups !

* * *

Le jeune homme et sa compagne eurent 12 enfants mâles, qui à leur tour n'eurent que des mâles. De génération en génération, après une vingtaine sans doute, la transduction n'opéra plus : l'humain l'avait emporté sur le loup.

Les marques du loup ont franchi les millénaires et sont toujours présentes dans cette région. A St-Thégonnec, le saint fondateur s'est servi d'un loup pour charroyer les pierres de son église. Le circuit du loup y est fort connu. Au Cloître St-Thégonnec un Musée lui est consacré.

Au RELEG, seul vestige de ce passé, vous pourrez si vous y allez goûter la paix et la sérénité de ce lieu exceptionnel. Vous pourrez humer cet air et peut-être en fermant les yeux comprendre cette solidarité qui a existé en ce lieu entre ces bûcherons et les loups.

J.F.O. – 08/11/2001

17
Le lit de saint Eneour

Un jour, dit-on, Saint Enéour venant du pays de Galles a traversé la Manche sur une auge en pierre, comme les nombreux saints Gallois qui du 5ème au 7ème siècle vinrent évangéliser la Bretagne.

A cette époque cela n'était pas impossible car disait-on " la Foi pouvait soulever des montagnes ". C'est donc dans ce contexte qu'Enéour arriva dans la baie de Morlaix, porté par son auge qui lui servait de lit. Aucune précision quant à la date de son arrivée n'est possible tant sa biographie est imprécise. Toutefois c'est très probablement entre les 5ème et 8ème siècles qu'il a fait son entrée dans le gotha des saints Bretons. Il est comme beaucoup d'autres béatifié par la tradition populaire.

C'est sur Plounéour-Ménez, au pied de la montagne, qu'il s'arrêta en premier. Il traînait derrière lui son auge qu'il plaça sur un rocher, non loin du bourg actuel. Il y vécut plusieurs années, apportant aux autochtones son savoir, les initiant aux travaux des champs ainsi qu'à ceux de l'esprit. Bien que l'église du 16ème siècle soit consacrée à Saint Yves, il est le patron éponyme de la paroisse

C'est en tant que thaumaturge qu'il devint célèbre. Il avait la réputation de guérir les maladies de la peau, des yeux et des oreilles. C'est ainsi que pour chercher la guérison les gens du pays vinrent nombreux le voir. Il les recevait toujours près de son auge. Cette auge, ou plutôt “ le lit ”, qui était à l'air libre sans couverture n'était pourtant jamais mouillée. Les pluies et le mauvais temps l'épargnaient et Enéour pouvait y dormir en paix.

Cela dura des années. Puis un jour, quelqu'un, en l'absence du saint, s'allongea dans ce lit et s'endormit un instant. De retour chez lui, il eut une fameuse surprise : il venait de retrouver sa virilité perdue ! Il nagea dans le bonheur, ne put tenir sa langue et la nouvelle se répendit dans le pays.

Bonne nouvelle pour les hommes : enfin un mégalithe qui n'était pas destiné à la fécondité de la femme ! Mais combien il était difficile pour un homme de s'exposer en public sur ce lit tant cela touchait sa vanité de mâle ! Heureusement, l'imagination humaine étant sans bornes, certains petits malins trouvèrent une solution : c'était de s'habiller en femme et de se faire accompagner par un ami. Ce stratagème aurait pu marcher si, comme c'est souvent le cas, un petit grain n'était venu gripper le système.

Les femmes se doutaient de quelque subterfuge de la part des hommes. L'une d'elles imagina donc d'oindre le rocher de saindoux. Le premier couple qui se présenta grimpa gaillardement jusqu'au lit de Saint Enéour mais hélas, ce qui devait arriver arriva. Ils glissèrent tous les deux sur la pierre et tombèrent, l'homme habillé en femme ,jupe par-dessus tête, découvrant ainsi son anatomie. Il n'y eut de doute pour personne, c'était un homme, bien conformé. Le rouge de la honte couvrit leur visage et ils s'enfuirent tout penauds.

Par la suite cette pratique disparut car Saint Enéour, mis au courant de l'affaire, bénit son lit et le rocher et nulle graisse ne s'y attacha plus, mais les couples continuèrent à fréquenter ce lieu pendant quelques siècles.

Plounéour-Menez se trouvant au carrefour de trois régions, le Léon, Le Trégor et la Cornouaille, était un observatoire idéal des mœurs et coutumes des divers clans.

Les Léonards austères, sérieux, souriant peu, venaient avec leurs femmes qui étaient placées à leur gauche. Le Léonard reconnaissait ainsi avoir donné son cœur à son épouse, acceptant ainsi le matriarcat.

Le Cornouaillais, aux vêtements rutilants, souriant et blagueur, plaçait sa femme à sa droite. Là c'était la femme qui donnait son cœur à l'homme qu'elle admirait sans partage.

Le Trégorois, homme de bonne composition, assez prolixe, montait sur le lit où la femme le rejoignait et ils se mettaient dos à dos pour obtenir la grâce désirée. C'était une égalité totale dans le couple.

Et les siècles passèrent ainsi, et selon l'habitude prise les faux couples perdurèrent. bien après Saint Enéour qui depuis belle lurette avait rejoint l'éternité.

Selon certaines personnes, poussées par les prêtres qui voyaient dans cette pratique païenne un obstacle à leur mission, le bruit courut que l'attraction subjective et l'intensité magnétique du lit de Saint Enéour avaient perdu leur puissance guérisseuse. Mais cela n'a jamais été prouvé car il arrive encore de nos jours que quelques uns y retrouvent leur vigueur passée. IL SUFFIT D'Y CROIRE FERMEMENT !

Le lit de Saint Enéour existe encore de nos jours. Ce n'est pas un objet virtuel. Il reste le témoin de coutumes ancestrales.

18
Lutig Buez

(Lumignon de Vie)

C'est vers le 5ème siècle de notre ère que la légende de Lutig Buez a pris naissance. Un jour quelconque arriva sur le territoire de ce qui allait par la suite être appelé le Pays des Enclos, une femme. Celle-ci, grande, maigre, le visage tanné par le temps - lui donner un âge, 30, 40 ou 50 ans était impossible - pauvrement vêtue, paraissait banale et sans charme. Elle était accompagnée par un grand chien de 160 livres environ, à la tête puissante et aux crocs acérés. Il était attelé à une sorte de petite charrette qui transportait les hardes de la dame et quelques plantes médicinales. Très vite, à cause de sa voix chevrotante, elle fut surnommée " Lutig Buez " (Lumignon de Vie). Son chien s'appelait " Kile " (c'est-à-dire " ami" en vieux breton).

“ Lutig ” : Cette allusion à la légèreté de la flamme du lumignon, sautillante et s’éteignant au moindre souffle du vent, représentait bien la fragilité de cette femme. Le suffixe “ Buez ” qui lui était accolé, elle le devait à l’aspect frêle et imprévisible de son existence, mais aussi à ses talents de guérisseuse.

Lutig Buez s’imposa dans le pays grâce à ses connaissances de guérisseuse, de devineresse capable de prévoir l’avenir et la mort. Adoptée par tous elle vivait au gré du temps, allait de ferme en ferme, de village en village, selon ses intuitions. Elle trouvait facilement gîte et couvert chez les habitants, ceux-ci se disputant même l’honneur de la recevoir tant elle apportait sourire et joie dans les foyers. D’après les dires populaires, Lutig Buez et son chien Kile vécurent longtemps - plusieurs générations peut-être ? … sans que l’usure du temps ne les marque. La tradition populaire l’appelait aussi parfois “ la Sorcière du Bien ”.

Elle était généralement sollicitée pour les malades, les mourants, les possédés. Parfois, sans être demandée, elle venait en amie. La paix, la sérénité qu’elle dégageait, c’étaient le soleil dans la hutte. Kile à l’aspect si terrible était l’ami des enfants avec lesquels il jouait, paisible et doux.

Un jour Lutig Buez, mystérieusement avertie, se rendit dans une famille où la mère alitée souffrait tant qu’elle appelait la mort à son secours. Lutig Buez la regarda un instant, puis doucement de ses mains la frôla, ce qui calma la patiente. Elle demanda à l’homme de l’aider à retourner sa femme. Quand Lutig Buez découvrit le dos de celle-ci, elle vit qu’il était couvert d’escarres profondes et sanguinolentes. Lutig fit macérer quelques instants un mélange de plantes et l’appliqua sur le dos de la femme. Moins d’une heure plus tard elle enleva l'emplâtre et le dos apparu guérit, sans aucune lésion. Elle prépara en outre un breuvage avec ses plantes qu'elle fit boire à la femme. Quelques instants après avoir bu cette infusion la femme se leva, s'habilla et sortit de chez elle en criant de joie. Avec son homme et ses enfants elle dansa une gavotte joyeuse. Elle était définitivement guérie.

Une autre fois, alertée par quelques villageois, elle se rendit dans une hutte où un homme se mourait. Quant elle entra dans la maison toutes les personnes qui entouraient la couche se retirèrent. Lutig Buez regarda l'homme un instant, puis elle étendit les mains au dessus de lui, marmonna quelques paroles sibyllines et, tout-à-coup, l'homme se redressa, sourit, se leva avec légèreté et cria son bonheur. Il était sauvé ! Il raconta plus tard qu'à un moment il avait vu comme une grotte béante et sombre avec au fond une porte lumineuse, mais quand il avait voulu aller vers elle, une force invisible lui avait fait tourner la tête en lui disant d'aller vers ses devoirs terrestres qu'il n'avait pas encore terminé. Lutig Buez l'avait ramené à la vie en vainquant la mort.

Il arriva aussi qu'elle se rendit au chevet d'un jeune homme gravement malade. Celui-ci, souffreteux de naissance, était là, affalé sur un banc au coin de l'âtre où brûlait un feu de bois. Pourtant, malgré le feu, son corps restait glacial ... Lutig Buez le regarda un instant puis agita sa tête de droite à gauche, comme pour dire non. Son sourire devint triste. Sans un mot elle quitta la maison. Kile en la voyant se mit à hurler la mort. Au moment où elle allait partir elle entendit venant de la maison un long râle sourd : l'homme venait de mourir. Lutig Buez était arrivée trop tard pour le sauver. Elle avait vu dans les yeux de l'homme l'ombre de la Mort dansant avec un air sardonique !

Heureusement, le plus souvent, quand elle arrivait dans une maison où la Mort rôdait sournoisement, elle arrivait grâce à son pouvoir secret à chasser le spectre horrible de l'Ankou (la Mort). Alors, comme à son habitude, elle se plantait devant le mourant, le regardait et opinait de la tête du haut vers le bas, comme pour dire oui, et la mort s'enfuyait. C'est pourquoi on l'appelait aussi la Maîtresse de la Mort et de la Vie.

Ainsi un jour elle arriva dans un village un peu perdu dans la montagne où, lui avait-on dit, une femme encore jeune était possédée par les esprits du mal. A la vue de Lutig Buez la possédée se calma et regarda Lutig Buez la peur dans les yeux. Lutig Buez s'approcha, fixa son regard et étendit sur elle ses mains. Alors se produisit un phénomène étrange. Lutig Buez se tordit de douleur, une sueur froide la couvrit et ses yeux devinrent brillants comme des diamants. Toutefois au bout de quelques instants elle se calma et sourit ! C'est alors que, poussant un grand cri, la possédée s'évanouit et tomba sur le sol ! Quand elle reprit ses esprits elle se leva et sourit à l'assemblée présente. Son air méchant et bestial avait disparu. Elle venait de retrouver la jeunesse que le diable lui avait enlevé. Elle était définitivement guérie

Ce ne sont que quelques exemples parmi des centaines d'autres des bienfaits accomplis par Lutig Buez durant son passage dans le Pays des Enclos.

Elle rencontra, un jour qu'elle allait vers un village où elle était appelée, un homme vêtu de bure qui lui parla en ces termes : Je viens de Breiz Veur pour voir mes disciples, qui sont venus dans ce pays apprendre à leurs frères de race l'amour de mon Maître incomparable, celui qui a dit à son peuple

“ Aimez-vous les uns les autres, soyez tolérants et charitables, le bonheur et la paix seront dans vos cœurs ”. Je m’appelle Aeltud. Je suis le fils de Becam, le grand Druide du pays de KEMBRE (Pays de Galles).

Ils parlèrent longtemps ensemble. Lutig Buez sut que sa mission était terminée dans cette région, le Maître du Bien lui ayant envoyé un remplaçant. Elle regarda un instant Aeltud, devint lumineuse et belle. A ses côtés Kile était devenu un magnifique chevalier et tous les deux, doucement, se fondirent dans un nuage resplendissant de lumière. Aeltud fut saisi d’une joie profonde. Le miracle dont il avait été le témoin affermit ses convictions, le libérant de tout mal. Il alla au village voir la personne dont Lutig Buez lui avait parlé et il la guérit.

C’est ainsi que j’ai appris des anciens les bienfaits prodigués par Lutig Buez et par son successeur, Aeltud, qui apportèrent en LETAVIE (la Bretagne d’alors) une ère de prospérité.

Bien des choses m’ont été racontées où le merveilleux a toujours dépassé le vraisemblable. C’est peut-être à cause de ces légendes, entretenues par les générations successives, que le peuple Breton, chassé de Grande Bretagne par les Saxons, a su avec fierté relever la tête et, par son courage, faire de cette terre d’accueil la “ Petite Bretagne ”, un espace à la gloire des celtes.

ADIEU

Horizon d'infini
Horizon de la vie
Tout nous transfigure
Tel le printemps, la nature
Dans la ruche bourdonnante
Les ailes envahissantes
De nos âmes de poètes
Auréolent notre tête
Et là, dans ce désordre profond
Nos esprits se perdent à l'horizon

Rozen Aër (Locmélar)

Sommaire

Ce livre a été imprimé et façonné par Pollina S.A. à Luçon 85 N° L 87101
Imprimé en France